CATALOGUE

DES

MARCHANDS EPICIERS,

ET DES MARCHANDS

APOTICAIRES - EPICIERS

DE CETTE VILLE, FAUXBOURGS ET BANLIEUE

DE PARIS,

Fait le 31 Decembre 1754.

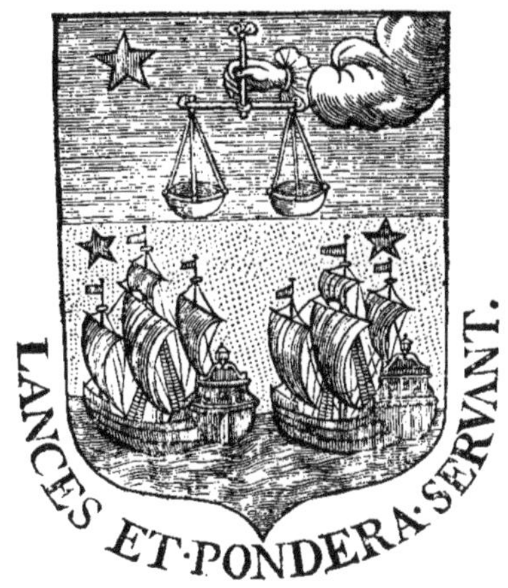

A PARIS,

De l'Imprimerie de PIERRE PRAULT, Quay de Gêvres, au Paradis.

M. DCC. LIV.

MESSIEURS LES GARDES ET ANCIENS GARDES DES MARCHANDS EPICIERS

ET

DES MARCHANDS APOTICAIRES-EPICIERS.

****

MESSIEURS LES GARDES EN CHARGE.

ANT. MARIE CHILHAUD,	1752.	PIERRE-SAMUEL CHENU,	1753.
FRANÇOIS-RENÉ HATRY,	1752.	CLAUDE-FRANÇOIS CESSAC,	1754.
ANTOINE VASSAL,	1753.	PIERRE MILLOT,	1754.

MESSIEURS LES ANCIENS.

* ANtoine Duverger, *Doyen, ancien Consul,*	1716.
Pierre Famin, *Doyen, ancien Juge-Consul,*	1718.
Amable-Joseph Deschamps, *ancien Consul,*	1719.
* René-Louis Bailly, *ancien Consul,*	1723.
François-Thomas Sorin, *ancien Député du Commerce,*	1724.
Claude Villain, *ancien Juge-Consul,*	1725.
Barthelemy-Augustin Boudet, *ancien Juge-Consul,*	1727.
* Spire-Nicolas Pia, *ancien Juge-Consul,*	1728.
Barthelemy Fagnou,	1733.
François Camus,	1734.
George Goujon,	1735.
* Henri Charas,	1736.
Etienne Trumeau,	1737.
* Joseph Henry, *ancien Consul,*	1737.
Louis Guimonneau, *ancien Consul,*	1738.
Louis-Charlemagne Petit, *Consul en exercice,*	1739.
* Antoine-René Poullain,	1740.
Gilbert Bourguignon,	1741.
* Claude-René Mayol,	1741.

Pierre Goujon,	1742.
* Jacques Hennique, *ancien Conſul*,	1742.
Michel Ollivier,	1743.
Jean Hénoque,	1744.
* Claude Pia, *ancien Conſul*,	1744.
Jacques Ferry,	1745.
* Antoine Barbe,	1745.
Jean-Baptiſte Sejourné,	1746.
* Michel-Eleonor Chachignon,	1747.
Louis-Clement Vieillard,	1747.
* Amedé Paris,	1747.
Paul Larſonnier,	1747.
* Jean-Daniel Gillet, *ancien Echevin*,	1748.
Jacques-Florent le Prevoſt,	1749.
* Noël-Pierre Paſcalis, *Echevin en exercice*,	1749.
Noël de la Voypierre,	1750.
Marc-Michel du Tremblay,	1751.
* Antoine Salvan,	1751.

CATALOGUE GENERAL
CHRONOLOGIQUE. 1754.

DENIS Paris,	7 Août 1682.
Jean-Pierre Sullin,	26 Oct. 1691.
Amable-Joseph Deschamps, *ancien Consul*,	8 Oct. 1694.
Etienne Ferrand, *retiré*,	20 Sept. 1697.
Pierre Famin, *retiré, ancien Juge Consul*,	19 Dec. 1698.
Jacques Demontqueron, *retiré*,	14 May 1700.
Pierre Bréban, *retiré*,	10 Dec. 1700.
Jean Bondona,	24 Dec. 1700.
Etienne Trumeau, *ancien Garde, retiré*,	16 Dec. 1701.
Pierre Desmarets,	10 Nov. 1702.
Claude Villain, *ancien Juge-Consul, retiré*,	1 Dec. 1702.
* Antoine Duverger, *Doyen, ancien Consul*,	20 Juil. 1703
Jacques Gillet, pere, *retiré*,	22 Fev. 1704.
François Bertin,	30 May 1704.
Jacques Rotrou, *absent*,	17 Juin 1704.
Jean Coquart, *retiré*,	20 Juin 1704.
Guillaume-Nicolas Capet, *retiré*,	12 Fev. 1706.
Pierre-François Prestre,	12 Fev. 1706.
François Camus, *ancien Garde, retiré*,	11 Fev. 1707.
Jacques Guerin,	9 Sept. 1707.
Claude-Guillaume de la Fuye de Joyenval, pere, *retiré*,	30 Sept. 1707.
Charles Neveu, pere,	4 Nov. 1707.
Louis Coüet,	30 Mars 1708.
* René-Louis Bailly, *ancien Consul, retiré*,	28 Sept. 1708.
Franç. Thomas Sorin, *ancien Député du Commerce, retiré*,	16 Nov. 1708.
Claude Mazure, *à Etrechi*,	19 Sept. 1710.
Nicolas Parigot, *inconnu*,	17 Oct. 1710.
Barthelemy Fagnou, pere, *ancien Garde*,	29 May 1711.
Jean Thomas,	30 Oct. 1711.
* Spire-Nicolas Pia, *ancien JugeConsul*,	4 Dec. 1711.
George Goujon, pere, *ancien Garde*,	18 Dec. 1711.
Barthelemy-Augustin Boudet, pere, *ancien Juge-Consul*,	15 Juil. 1712.
Charles Duprez,	18 Nov. 1712.

MESSIEURS,

Chriſtophe Iſſenard ,	3 Fev. 1713.
Nicolas Debrie , *abſent , à Fontainebleau ,*	10 Mars 1713.
Jean-Pierre Hatry,	11 Août 1713.
Robert Gorand , pere ,	11 Août 1713.
Louis Guimonneau , pere , *ancien Conſul , retiré ,*	18 Août 1713.
Robert Dufreſne , *retiré ,*	6 Oct. 1713.
Joachim Famin ,	6 Oct. 1713.
Hyeroſme Trudon , pere , *retiré ,*	13 Avril 1714.
Louis Rottier , *retiré ,*	4 May 1714.
Adrien Percheron ,	13 Juil. 1714.
Jacques Trochereau , pere ,	27 Juil. 1714.
★ Denis Machereau ,	26 Oct. 1714.
Denis-Louis Hanoque ,	16 Nov. 1714.
Pierre Goujon , pere , *ancien Garde ,*	7 Juin 1715.
Nicolas-Jacques Dufour , *retiré ,*	19 Juil. 1715.
Claude Morain ,	9 Août 1715.
François Darracq , *retiré ,*	15 Nov. 1715.
Jacques Haudoir ,	15 Nov. 1715.
Nicolas Dunet , pere ,	10 Janv. 1716.
Pierre Bitouzé ,	10 Janv. 1716.
Louis Bardin ,	16 Mars 1716.
Antoine Henique ,	15 May 1716.
Jean-Joſeph Renaud ,	4 Juin 1717.
Louis Gobiat , *abſent ,*	9 Juil. 1717.
Charles Rozon ,	6 Août 1717.
Barnabé Hoüet , *retiré ,*	13 Août 1717.
René Vaillant , *retiré ;*	10 Sept. 1717.
★ Henry Charas , *ancien Garde ;*	5 Nov, 1717.
Pierre-Philippe Henault ,	10 Dec. 1717.
Jean-Philippe Felliot ,	22 Avril 1718.
Jean-François Devarenne , *abſent , à Lyon ,*	24 May 1718.
George Plu ,	3 Juin 1718.
Louis Dijon ,	14 Juin 1718.
Louis Voiſin , *retiré ,*	17 Juin 1718.
Paul Rouſſel , *retiré ,*	18 Juil. 1718.
Louis-Charlemagne Petit , *Conſul en exercice ,*	29 Juil. 1718.

MESSIEURS,

713.	Alexis le Vaſſeur, *abſent*,	29 Juil. 1718
713.	Jean Bocquet, *retiré*,	26 Août 1718
713.	* Charles-Nicolas Clement,	21 Oct. 1718.
713.	Jean-Louis de la Combe, *retiré*,	18 Nov. 1718.
713.	Claude-Louis Champion, *retiré*,	18 Nov. 1718.
713.	Robert Chef-de-ville, *abſent, à Lizieux*,	18 Nov. 1718.
713.	Claude Lhéritier, *abſent, à Rouen*,	18 Nov. 1718.
714.	Jean-Amable Deſchamps, fils, *abſent, à Marſeille*,	18 Nov. 1718.
714.	Gilbert Bourguignon, *ancien Garde*,	18 Nov. 1718.
714.	Jean-Baptiſte-Claude Villars,	22. Nov. 1718.
714.	Jacques-Louis Alleaume,	22 Nov. 1718.
714.	Jean Godard,	22 Nov. 1718.
714.	Jean-Baptiſte Sejourné, *ancien Garde, retiré*,	22 Nov. 1718.
715.	Louis-Pierre André,	22 Nov. 1718.
715.	François-Joachim Lejoindre, *retiré*,	22 Nov. 1718.
715.	Michel Ollivier, pere, *ancien Garde*,	22 Nov. 1718.
715.	Pierre Provins,	20 Janv. 1719.
715.	François Bétambeau,	3 Fev. 1719.
716.	Jean-Baptiſte Benard, *retiré*,	10 Fev. 1719.
716.	Claude-Emmanuel Houdet, *abſent, en Franche-Comté*,	31 Mars 1719.
716.	Noël Poirier,	21 Avril 1719.
716.	Jean Haline, pere, *retiré*,	26 May 1719.
717.	Gabriel-Auguſte Mauger, *retiré*,	30 Juin 1719.
717.	* Joſeph Henry, *ancien Conſul*,	6 Juil. 1719.
717.	Jean Henoque, pere, *ancien Garde*,	21 Juil. 1719.
717.	Jean Guirault,	1 Dec. 1719.
717.	Nicolas-François le Clerc,	1 Dec. 1719.
717.	Alexandre-Pean de Saint Gilles, pere,	1 Fev. 1720.
717.	Jean-Baptiſte Neveu,	9 Fev. 1720.
718.	Denis Mézard,	16 Fev. 1720.
718.	Jacques Ferry, pere, *ancien Garde*,	8 Mars 1720.
718.	Pierre Martel, pere,	8 Mars 1720.
718.	Simon Ruelle, *retiré*,	5 Avril 1720.
718.	Louis-Edme Beau,	12 Avril 1720.
718.	Pierre Ancquetil, *retiré*,	12 Avril 1720.
718.	* Antoine-René Poullain, *ancien Garde*,	3 May 1720.

MESSIEURS,

François Luneau ,	3 May 1720.
Nicolas Michelin ,	3 May 1720.
François Luzarche ,	17 May 1720.
* Claude-René Mayol , *ancien Garde* ,	27 May 1720.
Pierre-Louis Camus , pere, *retiré* ,	31 May 1720.
Antoine Bourgeois , *retiré* ,	7 Juin 1720.
Jacques-Florent le Prevoſt , *ancien Garde* ,	6 Juil. 1720.
* Jacques Hennique , *ancien Garde & ancien Conſul* ,	12 Juil. 1720.
* Claude Pia , *ancien Garde & ancien Conſul* ,	26 Juil. 1720.
Pierre Bréant ,	23 Août 1720.
André Euſtache ,	6 Sept. 1720.
Pierre-Laurent Deſcaves , *retiré* ,	13 Sept. 1720.
Antoine Baſchelier ,	13 Sept. 1720.
Louis Guyot ,	20 Sept. 1720.
François René Hatry , *Garde en Charge* ,	20 Sept. 1720.
* Etienne-François Aſtier ,	20 Sept. 1720.
Jacques Dujat ,	27 Sept. 1720.
Denis-Louis Goujon ,	27 Sept. 1720.
* Jacques-Simon Geffrotin ,	27 Sept. 1720.
Adrien Goujon ,	4 Oct. 1720.
Gaſpard Badoulleau , *retiré* ,	4 Oct. 1720.
Jean-Baptiſte Filliot , *retiré* ,	4 Oct. 1720.
Claude-Leger Sébré ,	4 Oct. 1720.
* Armand-Louis Gauſlin ,	4 Oct. 1720.
* Jean Daniel Gillet , *ancien Garde & ancien Echevin* ,	4 Oct. 1720.
* Michel-Eleonor Chachignon , *ancien Garde* ,	4 Oct. 1720.
J. B. Adrien Rotrou , *abſent, à Marſeille,*	4 Oct. 1720.
* Jean-Charles Habert , *Apoticaire du Roy* ,	11 Oct. 1720.
Hyeroſme Couſin ,	11 Oct. 1720.
Antoine de la Marre , *retiré* ,	11 Oct. 1720.
* Jacques-Etienne Morin ,	11 Oct. 1720.
Pierre Famin ,	11 Oct. 1720.
Jean-Philippe Andrieux , *retiré* ,	18 Oct. 1720.
Jean-François Oſlivier , *retiré* ,	18 Oct. 1720.
Louis-Clement Vieillard , *ancien Garde* ,	18 Oct. 1720.
* Louis Taſſut ,	18 Oct. 1720.

CATALOGUE GENERAL

MESSIEURS,

Louis Trouart,	25 Oct. 1720.
Jean le Clerc,	25 Oct. 1720.
Pierre-Olivier Paſſavant,	25 Oct. 1720.
Barthelemy-Juſtin Boudet, fils,	25 Oct. 1720.
* Pierre Laban,	13 Dec. 1720.
Nicolas Daniel de Deſſus-le-Moutier, *retiré,*	20 Dec. 1720.
Pierre Doinville, pere,	10 Janv. 1721.
Henry Triboulleau,	31 Janv. 1721.
Paul Larſonnier, pere, *ancien Garde,*	8 May 1721.
Pierre-Aubin Moulin, *retiré,*	30 May 1721.
François Gouſſery, *retiré,*	22 Août 1721.
François Ravinet, *retiré,*	29 Août 1721.
Antoine Roziers,	19 Sept. 1721.
François-Jacques Guillot, *retiré,*	24 Oct. 1721.
Antoine Fournier, *retiré,*	19 Dec. 1721.
Adrien Plinguet, *retiré,*	19 Dec. 1721.
Nicolas Maſſon,	16 Janv. 1722.
Simon Dollimier, *abſent, à Corbeil,*	23 Janv. 1722.
Louis-Nicolas Barbier,	6 Mars 1722.
Jean-Baptiſte Thierry,	10 Avril 1722.
Jean le Golf,	8 May 1722.
Louis de Lobel, *abſent.*	8 May 1722.
Pierre Le Roy,	22 May 1722.
Elie Coſté, *retiré,*	3 Juil. 1722.
François Beuzelin, *retiré,*	3 Juil. 1722.
Philippe Mouton, *à Biévre,*	17 Juil. 1722.
Charles-Antoine Decouſſy, *retiré,*	17 Juil. 1722.
* Claude-François Morel,	31 Juil. 1722.
Antoine Decalogne, *retiré,*	25 Sept. 1722.
Pierre Samuel Chenu, *Garde en Charge,*	25 Sept. 1722.
Jacques Caſtel, pere,	2 Oct. 1722
* Antoine Barbe, *ancien Garde,*	16 Oct. 1722.
Alexandre Houllier,	23 Oct. 1722.
Nicolas Poittevin,	27 Nov. 1722.
Jacques Badoulleau,	27 Nov. 1722.
André Germain,	4 Dec. 1722.

MESSIEURS,

François-Louis Marion des Landris ,	18 Dec. 1722.
Nicolas Teftart ,	15 Janv. 1723.
Antoine Regnard , *retiré* ,	23 Juil. 1723.
Louis-Martin Dumoutier, *retiré* ,	6 Août 1723.
Louis Bénard , *retiré* ,	6 Août 1723.
André Villain ,	27 Août 1723.
François de la Rue , *retiré* ,	3 Sept. 1723.
Noël-Julien Regnard ,	3 Sept. 1723.
Noël de la Voyepierre , pere , *ancien Garde* ,	1 Oct. 1723.
Simon-Mathurin Serife ,	1 Oct. 1723.
Antoine-François Cœur-de-Ville ,	28 Avril 1724.
Etienne Petit ,	5 May 1724.
Jacques Dubois ,	9 Juin 1724.
Louis-Bernard Travers ,	28 Juil. 1724.
Claude Mahieux , *à Saint Germain.*	15 Sept. 1724.
Jacques Goria , pere ,	13 Oct. 1724.
Jean Millot ,	17 Nov. 1724.
Pierre Thomas ,	22 Dec. 1724.
Jean de la Marre ,	25 May 1725.
Jean-Baptifte de Lelo ,	1 Juin 1725.
François Auger ,	1 Juin 1725.
Bernard Geniés ,	1 Juin 1725.
Jean Travers	1 Juin 1725.
* Amedé Paris , *ancien Garde.*	6 Juill. 1725.
* Pierre Martin , *Apoticaire du Roy.*	22 Nov. 1725.
* Etienne Rafficod ,	24 May 1726.
* Antoine Salvan , *ancien Garde.*	5 Juil. 1726.
François Aubron ,	11 Oct. 1726.
Marc-Michel du Tremblay , *ancien Garde , retiré.*	13 Dec. 1726.
Etienne Theron , *retiré.*	20 Dec. 1726.
Martin Fremin ,	20 Dec. 1726.
Touffaint de Lanois ,	14 Fev. 1727.
Hyerôme-Jofeph Gillet de Baffonville , pere ,	28 Mars 1727.
François Péchot ,	2 May 1727
Jean-Baptifte-Augufte le Roux ,	15 Juil. 1727
Arnould Chevery , *retiré.*	1 Août 1727

MESSIEURS,

1722.	André Delonge, *à Fontainebleau.*	26 Sept. 1727.
1723.	* Noël-Pierre Pascalis, *ancien Garde, Echevin en exercice.*	31 Oct. 1727.
1723.	Jean Hibert, *à Cannes.*	19 Dec. 1727.
1723.	Bon-Benigne Hogard,	2 Avril 1728.
1723.	Simon-François Duchaufour, *retiré.*	7 May 1728.
1723.	Jean Greban,	16 Juil. 1728.
1723.	Pierre Beaujeu, *retiré.*	3 Sept. 1728.
1723.	Nicolas-François Bonvoust,	17 Sept. 1728.
1723.	Albert des Cousines,	15 Oct. 1728.
723.	George Lormier,	22 Oct. 1728.
724.	Alexandre Machelard,	5 Nov. 1728.
724.	Pierre Millet,	12 Nov. 1728.
724.	Louis-Pierre Fourcroy,	26 Nov. 1728.
724.	Sebastien Feuillet,	7 Janv. 1729.
724.	Jean Malide,	11 Mars 1729.
724.	Jean-Baptiste Morel, *à Provins.*	6 May 1729.
724.	Hyerôme-Nicolas Trudon,	2 Dec. 1729.
24.	Jean-François Jard,	9 Dec. 1729.
25.	Antoine Gallet, *retiré.*	13 Janv. 1730.
25.	Pierre Vézon,	20 Janv. 1730.
25.	Jean-François Alexandre,	27 Janv. 1730.
25.	Barthelemy Dombres,	3 Fev. 1730.
25.	Jean Robillard,	3 Fev. 1730.
25.	Sulpice de Bauve,	3 Fev. 1730.
25.	Thomas-Ambroise Bardin,	17 Fev. 1730.
26.	Jean-Baptiste Soffice, *retiré.*	31 Mars 1730.
26.	Alexandre le Merle, *retiré.*	14 Avril 1730.
26.	Claude-Guy Dufresnay, *retiré.*	19 May 1730.
26.	Louis Pecquet,	19 May 1730.
6.	Charles le Romain,	2 Juin 1730.
6.	Etienne Gallet,	23 Juin 1730.
	Pierre Hugo,	7 Juil. 1730.
	Pierre-Julien Charrier,	14 Juil. 1730.
	Joseph Bourgarel,	14 Juil. 1730.
	Jean-Baptiste Dumay,	28 Juil. 1730.
	* Antoine-Marie Chilhaud, *Garde en Charge.*	4 Août 1730.

MESSIEURS,

Michel Manceau,	11 Août 1730.
Jean-Baptiſte Boutteville,	11 Août 1730.
* Antoine Vaſſal, *Garde en Charge.*	10 Nov. 1730.
Jean-François Decornoy	24 Nov. 1730.
Jacques Boullanger,	15 Dec. 1730.
Jean Doüaud, pere,	22 Dec. 1730.
Jacques Lucas,	22 Dec. 1730.
Jean-Baptiſte Benard,	29 Dec. 1730.
Joſeph Paulmier,	12 Janv. 1731.
Charles Garnier,	12 Janv. 1731.
Jean Pochet,	16 Fev. 1731.
Jean-Baptiſte de la Porte,	23 Fev. 1731.
Jean-Baptiſte Marchand,	6 Avril 1731.
Louis Boüillet, *retiré.*	6 Avril 1731.
* François Lapierre.	22 Juin 1731.
Claude Lapoſtole, *abſent.*	6 Juil. 1731.
Louis Vigner,	7 Sept. 1731.
Antoine Dumoutier le jeune,	14 Sept. 1731.
Adrien Becquet,	28 Sept. 1731.
Jacques-Paul Claret,	12 Oct. 1731.
Denys Gaut,	19 Oct. 1731.
Mathurin-Jacques de Deſſus-le-Mouſtier,	14 Dec. 1731.
Jean-Baptiſte-Antoine Gilles,	14 Dec. 1731.
Louis-Guillaume Behours,	4 Janv. 1732.
Louis Badoulleau, *retiré.*	4 Janv. 1732.
Jean-Pierre Legrand,	18 Janv. 1732.
Jean-Claude Bétout,	15 Fev. 1732.
Louis-Lanfrand Arnould,	22 Fev. 1732.
Charles Canel,	7 Mars 1732.
Nicolas Aubert, *retiré.*	16 May 1732.
Antoine-Charles Ballüet,	16 May 1732.
Jean Pelletier,	4 Juil. 1732.
Jacques Labbé,	11 Juil. 1732.
Gabriel Lesfilles,	8 Août 1732.
Pierre Millot, *Garde en Charge.*	22 Août 1732.
Louis-Jean Millot, *à Marſeille.*	22 Août 1732.

MESSIEURS,

Pierre-François le Page, *retiré.*	31 Oct. 1732.
Joseph Savary,	21 Nov. 1732.
Sebastien Meria, *absent.*	19 Dec. 1732.
Charles Duclos,	19 Dec. 1732.
Antoine Verbry, *retiré.*	19 Dec. 1732.
Louis Marquant, *retiré.*	2 Janv. 1733.
Pierre Barbot,	23 Janv. 1733.
Charles-René Neveu, fils ;	13 Mars 1733.
Antoine Marfondet,	27 Mars 1733.
Jean-Claude Breton,	24 Avril 1733.
Pierre-Hyerôme Ancquetil,	8 May 1733.
Charles Vachier,	29 May 1733.
Guillaume-Laurent Morel, *retiré.*	29 May 1733.
Louis-Benjamin Chervise,	31 Juil. 1733.
Etienne Parisel,	7 Août 1733.
Nicolas Mautemp,	14 Août 1733.
Etienne Broüet,	14 Août 1733.
François-Laurent Dumoustier l'aîné,	21 Août 1733.
François Raffron,	28 Août 1733.
* Claude-François Cessac, *Garde en Charge.*	31 Août 1733.
Edme Boudin,	11 Sept. 1733.
Pierre le Sage, pere, *retiré.*	11 Sept. 1733.
* Guillaume Richard,	18 Sept. 1733.
Joachim Santier,	16 Oct. 1733.
Pierre Séjourné,	16 Oct. 1733.
Noël Tranquart,	23 Oct. 1733.
Pierre-François Boisseau,	28 Oct. 1733.
* Pierre le Bel,	28 Oct. 1733.
Gilles Barbier,	20 Nov. 1733.
Pierre Grandjean,	4 Dec. 1733.
Jacques-Barthelemy Fagnou, fils ;	8 Janv. 1734.
Pierre-Barthelemy Boisseau,	22 Janv. 1734.
* Pierre Emanuel Taxil,	26 Fev. 1734.
Joseph Marchant,	26 Fev. 1734.
François Richard,	5 Mars 1734.

CATALOGUE GENERAL

MESSIEURS,

Jean-Louis Arambourg,	30 Avril 1734.
Julien Garnuchot,	7 May 1734.
Jacques Cheveny,	14 May 1734.
Pierre le Normand, *retiré*.	4 Juin 1734.
Louis-Joſeph Loquet,	18 Juin 1734.
François Andry, fils,	30 Juil. 1734.
Antoine Doudeüil, *retiré*.	10 Sept. 1734.
Eloy Leleu,	17 Sept. 1734.
Chriſtophe-Denys Lucas,	24 Sept. 1734.
Nicolas Perſon,	22 Oct. 1734.
Nicolas Fournier,	22 Oct. 1734.
Antoine le Févre,	22 Oct. 1734.
Pierre-François Joubert, *abſent*.	29 Oct. 1734.
Nicolas Müiron, *retiré*.	5 Nov. 1734.
Claude Orient, *retiré*.	12 Nov. 1734.
★ Martin Meſlier,	31 Dec. 1734.
Nicolas Porcher,	14 Janv. 1735.
Charles Parmentier,	29 Avril 1735.
Antoine-Louis Bazin, *retiré*.	29 Avril 1735.
Joſeph Warnet, *abſent, à Lorient*.	29 Avril 1735.
Philippe-Olivier de la Grouë, pere,	29 Avril 1735.
Claude Gautier,	6 May 1735.
Jean-Pierre Hatry, le jeune,	6 May 1735.
René-Alexis Greſlier de Lanoé,	20 May 1725.
Louis-Joſeph Fatou,	27 May 1735.
Etienne Boucherat,	1 Juil. 1735.
François-Gilles Jaullain,	26 Août 1735.
Jacques-Arnould Lhomme,	2 Sept. 1735.
Adrien Bellot,	7 Oct. 1735.
Pierre Sallais,	7 Oct. 1735.
Thomas Delaunay,	14 Oct. 1735.
Adam le Roy,	21 Oct. 1735.
Henry Plongéon,	4 Nov. 1735.
Louis Houdry,	4 Nov. 1735.
Charles-Alexandre Petit,	25 Nov. 1735.
François Papin,	13 Janv. 173 .

MESSIEURS,

Charles de la Voyepierre,	18 May 1736.
Etienne-François Auger,	25 May 1736.
* George-Edme Terrier,	1 Juin 1736.
* Pierre-Augustin Lemaire,	3 Juil. 1736.
Simon-Pierre Esnault,	13 Juil. 1736.
André Porte,	27 Juil. 1736.
* Maurice-Charles Chevallier,	27 Juil. 1736.
Jean-Baptiste Buvat,	14 Sept. 1736.
Pierre le Prince,	28 Sept. 1736.
Jean-Paul Cugno,	26 Oct. 1736.
Charles Neveu, fils,	1 Dec. 1736.
Jean Boivin,	7 Dec. 1736.
Antoine-Nicolas Goujon, fils,	14 Dec. 1736.
Esprit Gille Provost,	4 Janv. 1737.
Nicolas Parigault,	11 Janv. 1737.
François Duval,	25 Janv. 1737.
François-Louis Masson, retiré.	25 Janv. 1737.
Jean-Denys Boivin,	15 Fev. 1737.
Edme Morin,	15 Mars 1737.
Jean-Baptiste-Leger le Pot,	5 Avril 1737.
Barthelemy Hubert,	29 Avril 1737.
André Sibire,	3 May 1737.
Jean-François Serin,	14 Juin 1737.
* Charles-Claude Rissoan,	26 Juil. 1737.
* Ignace-Theodore Brongniard,	2 Août 1737.
Louis-Joseph Gouffé,	9 Août 1737.
François Dagant, absent.	9 Août 1737.
Pierre Ginisty,	9 Août 1737
Antoine Fleury,	6 Sept. 1737.
Etienne Bouillerot,	20 Sept. 1737
Louis Moillet,	11 Oct. 1737
Laurent Ducoin,	8 Nov. 1737
Jean-Louis Guimonneau, fils,	29 Nov. 1737
Nicolas-François Dunet, fils,	29 Nov. 1737
* Jean Dufour,	13 Dec. 1737.
Didier Guillaume,	20 Dec. 1737.

MESSIEURS,

Nicolas Boilleve,	24 Dec. 1737.
Guillaume Moüette,	10 Janv. 1738.
Louis Bourgeois,	17 Janv. 1738.
François Delorme,	17 Janv. 1738.
Nicolas Duhazé,	31 Janv. 1738.
Nicolas Dujardin,	14 Fev. 1738.
François Crofnier,	28 Mars 1738.
Claude Forfan,	18 Avril 1738.
Antoine Pafquier,	1 Août 1738.
Jean-Joachim Goüy,	8 Août 1738.
* Jean Guindre,	22 Août 1738.
Leonard-Nicolas Dupuymoret,	22 Août 1738.
Guillaume Bénard,	29 Août 1738.
* François-Louis Defprés,	19 Sept. 1738.
Charles le Court, *retiré.*	19 Sept. 1738.
Charles Gillet,	26 Sept. 1738.
Noël-Nicolas Famin, *retiré.*	21 Nov. 1738.
Charles Taffin, *abfent.*	21 Nov. 1738.
Pierre Parent,	12 Dec. 1738.
Guillaume Benoift,	12 Dec. 1738.
René-Antoine Bigot,	19 Dec. 1738.
Denys-Claude Loifeau,	9 Janv. 1739.
Jean-Charles Rouffel, *non établi.*	16 Janv. 1739.
Jean-Claude Rouffel, *non établi,*	16 Janv. 1739.
Louis-Etienne Geré,	27 Fev. 1739.
Guillaume-Thomas Lefevre,	13 Mars 1739.
Jacques-Tondu de Nangis, *retiré,*	20 Mars 1739.
Claude-Charles Fremin,	8 May 1739.
Jean-Pierre le Blanc,	5 Juin 1739.
Charles-François Neveu,	19 Juin. 1739.
Chriftophe Jauvin,	26 Juin 1739.
Pierre Georget,	3 Juil. 1739.
Louis-François Minard,	3 Juil. 1739.
Antoine-Jofeph Lorin,	10 Juil. 1739.
Pierre-Louis le Conte,	10 Juil. 1739.
Laurent Ferté, *retiré,*	10 Juil. 1739.

MESSIEURS,

* Anthelme Genant,	10 Juil. 1739.
Antoine Guefnon,	14 Août 1739.
Denis Petit,	14 Août 1739.
François Gabeau,	21 Août 1739.
* Pierre Chilhaud,	18 Sept. 1739.
Charles la Mouche,	25 Sept. 1739.
Nicolas-Louis Allais,	16 Oct. 1739.
Louis Meflin,	23. Oct. 1739.
Nicolas Ballin,	13 Nov. 1739.
* Bertrand Couzier,	13 Dec. 1739.
Jean-Jacques Carrey-Villiers,	8 Janv. 1740.
Claude Houdemard,	12 Fev. 1740.
Pierre Bertrand,	4 Mars 1740.
Caude Séveftre,	4 Mars 1740.
Antoine Trézel,	11 Mars 1740.
Jean-Michel Ruelle,	11 Mars 1740.
François-Louis Marie,	1 Avril 1740.
Charles Meffaiger,	1 Avril 1740.
Pierre-André Gaftellier,	29 Avril 1740.
Antoine-Marie de Bourges,	27 May 1740.
Chreftien-Nicolas Marie, *abfent*,	27 May 1740.
Nicolas Barbier,	27 May 1740.
Antoine Cochepin,	3 Juin 1740.
Jacques Trudon, fils,	15 Juil. 1740.
Jacques-François Trudon, fils,	15 Juil. 1740.
Louis de la Combe,	19 Juil. 1740.
Jean-Baptifte le Couvreur,	30 Sept. 1740.
Nicolas Couture,	7 Oct. 1740.
Jacques-Henry Métas,	21 Oct. 1740.
* Louis-René Bailly, fils,	21 Oct. 1740.
* Pierre-Jacques Vaffoü,	21 Oct. 1740.
Jean-Claude Bienaimé,	25 Nov. 1740.
Adrien-Louis Hevet,	30 Dec. 1740.
François de la Fuye de Joyenval,	3 Fev. 1741.
Pierre Seveftres,	10 Fev. 1741.
* Charles-François Brufley, *à Angers*,	17 Fev. 1741.

MESSIEURS,

Pierre-Raymond Vacouſſain,	7 Avril 1741.
François Dubourg,	14 Avril 1741.
* Charles-François Bailly, fils,	21 Avril 1741.
* Louis-Raymond de la Riviere,	28 Avril 1741.
Louis Pochet,	5 May 1741.
Jacques-Philippe Hervier,	5 May 1741.
Prothais-Charlemagne le Blanc, *retiré*,	5 May 1741.
* Louis-Antoine Bellier,	2 Juin 1741.
Jean-Antoine Lange,	28 Juil. 1741.
Etienne Beguin,	11 Août 1741.
Robert Gaillard,	11 Août 1741.
Nicolas Richard,	1 Sept. 1741.
Jean Picard,	20 Oct. 1741.
Euſtache Piégut,	10 Nov. 1741.
Noël-Blaiſe Trouſſard, *abſent*,	10 Nov. 1741.
Pierre Hudicourt,	1 Dec. 1741.
Pierre Jolly,	9. Fev. 1742.
Etienne-Gilbert la Tour,	16 Fev. 1742.
Robert le Duc,	16 Mars 1742.
Nicolas Deſcoings,	16 Mars 1742.
Charles-Armand Moreau,	6 Avril 1742.
Guy-Paſquier François, *abſent*,	6 Avril 1742.
François Tenery,	20 Avril 1742.
Pierre Caſſel, *abſent*,	1 Juin 1742.
Robert Leſguillier,	1 Juin 1742.
Charles Collet,	1 Juin 1742.
Nicolas Marſault,	22 Juin 1742.
Robert de Lorme,	20 Juil. 1742.
Antoine Guibet, *abſent*,	27. Juil. 1742.
Maurice Laurencin, *non établi*,	27 Juil. 1742.
Claude Duval,	3 Août 1742.
Jean Merlet,	17 Août 1742.
Marc Broüe,	17 Août 1742.
Jean Chevallier,	7 Sept. 1742.
Jean-Claude Dupré,	5 Oct. 1742.
Claude le Maire,	12 Oct. 1742.

MESSIEURS,

Etienne Blangy,	9 Nov. 1742.
Etienne Loiſet,	16 Nov. 1742.
Robert Gorand, fils,	23 Nov. 1742.
Louis Trou,	23 Nov. 1742.
Ange-Memin Bérieux, *non établi*,	7 Dec. 1742.
Pierre Roguenard,	7 Dec. 1742.
Jean-René Collin,	7 Dec. 1742.
Benoît Lenoir, .	14 Dec. 1742.
* Louis Démoret,	11 Janv. 1743.
Michel-Sébaſtien le Vieil, fils,	11 Janv. 1743.
* Nicolas Bédu,	18 Janv. 1743.
Charles Labbé,	25 Janv. 1743.
Nicolas Petit,	1 Fev. 1743.
Pierre Carreau,	8 Fev. 1743.
Philibert le Clerc,	8 Fev. 1743.
Jean-Jacques-Remy Mordant de Launay,	8 Fev. 1743.
Claude Guyot,	8 Fev. 1743.
Louis Marié,	8 Fev. 1743.
Claude-Vincent Duval,	8 Fev. 1743.
Simon Thomé,	8 Fev. 1743.
Louis-Charlemagne Jourdain,	8 Fev. 1743.
Jean-Marie Hüe,	8 Fev. 1743.
Antoine-Joachim Santier,	8 Fev. 1743.
Pierre Fatou,	8 Fev. 1743.
Claude le Vaſſeur,	8 Fev. 1743.
Charles le Normand,	22 Mars 1743.
Louis Gillet, *abſent*,	26 Avril 1743.
* Louis Boullanger,	3 May 1743.
Pierre Thuillier,	24 May 1743.
Alexandre-Théodore Thuillier,	24 May 1743.
Jacques-Philippe Chapelle,	21 Juin 1743.
Jean-Michel Quignon,	12 Juil. 1743.
Gilles-Denis Caſtel,	12 Juil. 1743.
Pierre le Sage, fils,	19 Juil. 1743.
Etienne-Jean Duval,	19 Juil. 1743.
Nicolas Guerin,	19 Juil. 1743.

MESSIEURS,

Pierre le Mire,	19 Juil. 1743.
Edmond-Jean Georget,	19 Juil. 1743.
Pierre Goujon, fils,	26 Juil. 1743.
François-Michel Ollivier, fils,	26 Juil. 1743.
Charles-Simon Trudon, fils, *non établi,*	26 Juil. 1743.
Charles Pluvinet,	26 Juil. 1743.
Louis Moullé,	2 Août 1743.
Gabriel Brémont,	2 Août 1743.
Pierre-Louis Camus,	2 Août 1743.
Henry Menage,	9 Août 1743.
* François-Guillaume Bert,	9 Août 1743.
Robert Lapy,	9 Août 1743.
Louis Maſſon,	23 Août 1743.
Germain-Simon Pichard,	23 Août 1743.
Pierre-Laurent Huron,	30 Août 1743.
Jean-René Léon,	6 Sept. 1743.
Paul Meſnil,	6 Sept. 1743.
Nicolas Blet,	27 Sept. 1743.
Louis Cornillard,	27 Sept. 1743.
Jean-Baptiſte-Jacques le Prince,	29 Nov. 1743.
Antoine-Alexandre de la Marre,	13 Dec. 1743.
Nicolas-Henry Mazion,	13 Dec. 1743.
Charles Baïlbled,	20 Dec. 1743.
Antoine le Cat,	24 Janv. 1744.
Claude-Pierre Torain,	7 Fev. 1744.
Jean-François Thomas,	14 Fev. 1744.
Thomas le Moiſne,	14 Fev. 1744.
Pierre-Gaſton la Forge,	28 Fev. 1744.
* Philippe-Nicolas Pia, fils,	13 Mars 1744.
François-Alexis Claret,	13 Mars 1744.
* Jean-François Mayol,	27 Mars 1744.
Pierre Ferry, fils,	27 Mars 1744.
Claude-François Lanternat,	17 Avril 1744.
Jean de la Motte,	17 Avril 1744.
Louis Bourey,	15 May 1744.
Jean-François Guinard,	5 Juin 1744.

CATALOGUE GENERAL

MESSIEURS,

Jean-Louis Mollet,	12 Juin 1744.
Claude-Charles Petit,	10 Juil. 1744.
Nicolas-Louis Parquin,	10 Juil. 1744.
★ George Picard,	17 Juil. 1744.
Pierre Pouplin,	17 Juil. 1744.
Pierre-Paul de la Groüe,	11 Sept. 1744.
★ Jean-Pierre Pujo,	23 Oct. 1744.
Pierre-Gabriel Vocanu,	30 Oct. 1744.
★ Baltazard Julliot,	4 Dec. 1744.
Augustin Lefévre,	4 Dec. 1744.
François Taffery,	11 Dec. 1744.
Charles-Guillaume Louvet Dubois,	18 Dec. 1744.
Jean-Pierre Henoque, fils,	18 Dec. 1744.
Jacques Grimart,	18 Dec. 1744.
Jean-Nicolas Colas,	18 Dec. 1744.
Jacques-Antoine Ferry, fils,	5 Fev. 1745.
Jean-Crefpin Dujardin,	5 Fev. 1745.
Jacques Ballet,	12 Fev. 1745.
Jean-Pierre Poiffon,	19 Fev. 1745.
Nicolas Colin,	26 Fev. 1745.
Louis Dubois,	5 Mars 1745.
Léonard Danjoux,	5 Mars 1745.
Louis Auger,	5 Mars 1745.
Robert-Jacques Gillet, fils,	5 Mars 1745.
Jean-Baptifte Trochereau, fils,	19 Mars 1745.
★ Jean-François Bolduc,	9 Août 1745.
Nicolas Danré,	9 Août 1745.
Jacques Demain, *à Reims*,	20 Août 1745.
Jacques Bertin,	17 Sept. 1745.
Pierre-Alexandre Débeine,	24 Sept. 1745.
★ Noël Bert,	22 Oct. 1745.
Jean Seber,	22 Oct. 1745.
Jean-Pierre Solvet,	5 Nov. 1745.
Jacques Porte-Bled,	3 Dec. 1745.
François-Jofeph Malepeyre,	10 Dec. 1745.
Charles Prémia,	10 Dec. 1745.

MESSIEURS,

Joseph Levillain, *absent*,	21 Janv. 1746.
Jacques-Charles Michel,	6 May 1746.
Jacques Houdry,	13 May 1746.
François Sallais,	3 Juin 1746.
Jerôme Chandellier,	5 Août 1746.
Jacques-Benigne Vignon,	5 Août 1746.
François-Christophe Barbé de la Ruë,	12 Août 1746.
Pierre-Barnabé Thibault,	19 Août 1746.
Pierre Lange,	7 Oct. 1746.
Jean-Claude Frary,	21 Oct. 1746.
André Brébion,	18 Nov. 1746.
Gabriel-Joachim le Prevost,	18 Nov. 1746.
François-Nicolas le Masson,	18 Nov. 1746.
Etienne Girard,	25. Nov. 1746.
Pierre-Noël Toutin,	2 Dec. 1746.
François le Gay,	2 Dec. 1746.
Jean-Baptiste Sené,	13 Janv. 1747.
Claude le Févre,	17 Fev. 1747.
Nicolas-Pasquier Fourier,	26 May 1747.
Pierre Gaillard,	2 Juin 1747.
Etienne Piers,	9 Juin 1747.
Denis-Pierre de Monbyne,	30 Juin 1747.
Jacques Briens,	14 Juil. 1747.
* Etienne la Pierre,	28 Juil. 1747.
Jean Tascher,	18 Août 1747.
Pierre-Jean-Raymond Garnier, *absent*,	18 Août 1747.
François Lucot,	1 Sept. 1747.
Thomas Bénard,	15 Sept. 1747.
Claude Tirlet,	22 Sept. 1747.
Jean-Antoine Pillon, *absent*,	6 Oct. 1747.
Joseph Amyot,	27 Oct. 1747.
François Lesieur,	27 Oct. 1747.
Louis Tribut,	27 Oct. 1747.
Pierre-René Bergerat,	22 Mars 1748.
Pierre-François Malin,	31 May 1748.
Julien-Thomas Robert,	14 Juin 1748.

MESSIEURS,

Jean Duſſaux,	14 Juin 1748.
François Deſécouttes ;	5 Juil. 1748.
Coſme Péroche,	5 Juil. 1748.
Leger Licquet,	19 Juil. 1748.
Philippe-Nicolas le Moiſne,	26 Juil. 1748.
Noël Coëffet,	26 Juil. 1748.
Laurent Couſin,	26 Juil. 1748.
Nicolas-Pierre Camus, fils,	2 Août 1748.
Louis le Roux,	6 Sept. 1748.
Henry-Linot Guerin,	13 Sept. 1748.
Henry Morel,	20 Sept. 1748.
Maurice le Clerc,	27 Sept. 1748.
Xavier Liévain,	4 Oct. 1748.
Gabriel Debeſſe,	4 Oct. 1748.
Nicolas Poron,	11 Oct. 1748.
* Joſeph Bataille,	25 Oct. 1748.
Nicolas-Henry Jorrand,	8 Nov. 1748.
Louis Picard,	8 Nov. 1748.
François Bordet,	8 Nov. 1748.
* Laurent-Charles de la Planche,	15 Nov. 1748.
Pierre Métas,	15 Nov. 1748.
Pierre-Auguſtin Hainſſelin,	22 Nov. 1748.
Ollivier-Clement Vieillard, fils, *non établi*,	20 Dec. 1748.
Jean-Pierre Séjourné, *le jeune*,	27 Dec. 1748.
François le Romain,	31 Dec. 1748.
Louis de Londre,	17 Janv. 1749.
Thomas de Lelo,	24 Janv. 1749.
Bernard-Alexandre Gibert,	24 Janv. 1749.
Charles-Dominique Ducheſne,	31 Janv. 1749.
François Monnier, *abſent*,	14 Mars 1749.
Martin Danne,	14 Mars 1749.
Thomas Saint Gilles,	28 Mars 1749.
Jean-Gilbert du Sautoy,	18 Avril 1749.
Jean-François Gaſtellier,	2 May 1749.
Louis-Joachim Cattet,	16 May 1749.
François-Alexandre Colombel,	23 May 1749.

MESSIEURS,

Charles de la Place,	13 Juin 1749.
André-Philippe Danzel,	27 Juin 1749.
Jean-Marie Maugirard,	27 Juin 1749.
Pierre-Alexandre le Clair,	4 Juil. 1749.
André-Pierre Rouffel,	22 Août 1749.
Pierre Lainé,	5 Sept. 1749.
Jean-Charles Vernois,	5 Sept. 1749.
* Jean-François Heriffant ;	3 Oct. 1749.
Pierre Bourgeois,	10 Oct. 1749.
Antoine-Charles-Michel Poultier,	17 Oct. 1749.
Henry Galand,	24 Oct. 1749.
Pierre-Henry-Pean de Saint Gilles, fils ,	7 Nov. 1749.
Pierre-Alexandre Arnoult,	21 Nov. 1749.
Joachim Larfonneur,	5 Dec. 1749.
François Villain,	12 Dec. 1749.
Nicolas-Noël de Lavoypierre, fils aîné,	2 Janv. 1750.
François Dujardin,	9 Janv. 1750.
André le Bœuf,	9 Janv. 1750.
Jean-Baptifte Dufour,	9 Janv. 1750.
Pierre-Remy Lambert, *à Amiens*,	30 Janv. 1750.
François-Elie Raffron, fils,	30 Janv. 1750.
François-Marc Rouverel,	30 Janv. 1750.
Jean-Marie Theveneau,	6 Fev. 1750.
Pierre-Jofeph Ménoud, *à Amiens*,	9 Fev. 1750.
Louis-Bazile Sarrazin,	20 Fev. 1750.
Chriftophe Paupierre,	20 Fev. 1750.
Jean Baptifte Tinard, *abfent*,	27 Fev. 1750.
Jacques-Charles Hennique, fils,	3 Avril 1750.
Pierre Bernon,	3 Avril 1750.
Blaife Haline, fils,	3 Avril 1750.
Philippe-François Trouffel,	24 Avril 1750.
Nicolas-Robert Dulac,	15 May 1750.
Gabriel-Claude Dautin,	15 May 1750.
Adrien-Jean Doüaud, fils ,	15 May 1750.
Jean-Jacques Goffet,	5 Juin 1750.
* Guillaume-François Roüelle ;	12 Juin 1750.

MESSIEURS,

Louis Vatelier,	3 Juil. 1750.
* François Cozette,	10 Juil. 1750.
Jacques-Antoine Caſtel, fils,	10 Juil. 1750.
François-Louis le Braſſeur,	10 Juil. 1750.
Louis-Joſeph-Froment de la Motte,	17 Juil. 1750.
Jacques-Martin-Adrien Ringard,	24 Juil. 1750.
Denis-Louis Bourjot,	24 Juill. 1750.
Antoine Place,	7 Août 1750.
François-Joſeph le Sueur,	4 Sept. 1750.
Charles-Louis Girault,	4 Sept. 1750.
Eloy Daix,	11 Sept. 1750.
Henry-Gervais Sauvage,	25 Sept. 1750.
Louis Athenas,	16 Oct. 1750.
Charles Michelin,	7 Nov. 1750.
Jean-Baptiſte Boucaut,	13 Nov. 1750.
Jean le Clerc,	27 Nov. 1750.
Jacques du Sautoy,	27 Nov. 1750.
Louis Thibierge,	18 Dec. 1750.
Jean-Joſeph Chervain,	24 Dec. 1750.
Jacques Chereau,	8 Janv. 1751.
Charles Lhuiſſier,	8 Janv. 1751.
Louis Badoulleau, fils,	15 Janv. 1751.
François-Marie Pluot,	15 Janv. 1751.
George Gombel la Serre,	22 Janv. 1751.
Prerre Gabeau,	5 Fev. 1751.
Jean-Antoine Riollet,	19 Fev. 1751.
Jean-Guillaume la Fuye de Joyenval,	26 Fev. 1751.
André-Guillaume Santilly,	26 Fev. 1751.
Michel Duval,	16 Avril 1751.
Louis Dufreſne,	16 Avril 1751.
Jean Provoſt,	7 May 1751.
Anſelme Grandjean,	14 May 1751.
* Adrien-Henry Charas,	28 May 1751.
Jacques Ollivier,	4 Juin 1751.
Jean-Jacques Poiſſon,	4 Juin 1751.
Pierre Lorin,	9 Juil. 1751.

CATALOGUE GENERAL

MESSIEURS,

* Nicolas-François Santerre,	16 Juil. 1751.
François-Nicolas Faure,	16 Juil. 1751.
Joseph-Guillaume Dupuy,	30 Juil. 1751.
Henry-Etienne Trumeau,	30 Juil. 1751.
Jean-Baptiste Hiard,	20 Août 1751.
* Jacques-Antoine Gorsse,	20 Août 1751.
Nicolas-Elizabeth Désouches,	27 Août 1751.
Guillaume Bénard,	27 Août 1751.
* François Blanchard,	3 Sept. 1751.
Jean-Pierre Duchesne,	17 Sept. 1751.
Louis Liénard,	17 Sept. 1751.
Nicolas Courtier,	24 Sept. 1751.
François Convert,	8 Oct. 1751.
Pierre-Augustin Favre,	15 Oct. 1751.
Michel Guidon, *absent*,	22 Oct. 1751.
* Nicolas Roulx,	29 Oct. 1751.
Ambroise-Cyprien Petit,	29 Oct. 1751.
Claude-Henry le Lievre,	5 Nov. 1751.
Jean Delzart,	5 Nov. 1751.
Pierre Doinville, fils,	19 Nov. 1751.
Michel-George Ollivier, fils, le jeune,	17 Dec. 1751.
Jean-François Cardon,	17 Dec. 1751.
Augustin-Charlemagne Petit, fils,	17 Dec. 1751.
Denis de la Voypierre, fils, le jeune,	17 Dec. 1751.
Jean Pochet,	24 Dec. 1751.
Daniel-François de Dessus-le-Moustier,	31 Dec. 1751.
Charles Henoque, fils,	31 Dec. 1751.
Marin de la Motte, fils,	7 Janv. 1752.
Guillaume Rottier, fils,	14 Janv. 1752.
André-Nicolas Hamel,	28 Janv. 1752.
Jean Guilmain,	17 Mars 1752.
Jean-Baptiste Segalla,	24 Mars 1752.
Louis Auger le jeune,	7 Avril 1752.
Jacques-Louis Bardin,	28 Avril 1752.
Antoine-Nicolas Heurteux,	19 May 1752.
Jean-Pierre Prevost,	30 Juin 1752.

MESSIEURS,

Nicolas Depoix,	7 Juil. 1752.
Antoine-Maximilien Guibillion,	28 Juil. 1752.
Jean-Touſſaint Gueldroy Dufreſne,	14 Août 1752.
Nicolas Tripier,	14 Août 1752.
Joſeph-Nicolas Bertou,	14 Août 1752.
Antoine Lamy,	18 Août 1752.
Laurent-Benoît de Conchy,	18 Août 1752.
Pierre Raguin,	15 Sept. 1752.
* Louis-Guillaume Laborie,	6 Oct. 1752.
Paul Larſonnier, fils, *non établi,*	6 Oct. 1752.
Claude Charier,	13 Oct. 1752.
Pierre Lamoureux,	20 Oct. 1752.
Pierre-Jacques le Maſſon, le jeune,	20 Oct. 1752.
* Antoine Beaumé,	27 Oct. 1752.
Claude-Alexandre Benoiſt,	10 Nov. 1752.
Pierre le Roy,	10 Nov. 1752.
Antoine Percheron,	17 Nov. 1752.
Jean-Louis Domé,	1 Dec. 1752.
Pierre Gallet,	15 Dec. 1752.
François-Michel Chantrelle,	15 Dec. 1752.
Jean-Baptiſte de Baſſonville, fils,	15 Dec. 1752.
Claude Parigaut, fils,	15 Dec. 1752.
Charles Bordeaux,	22 Dec. 1752.
Pierre-Nicolas Moquet,	9 Fev. 1753.
Nicolas-Charles la Clef,	16 Fev. 1753.
Etienne-François Lange,	2 Mars 1753.
Pierre le Baſtier,	16 Mars 1753.
Jean-Baptiſte Plongeon, *abſent,*	16 Mars 1753.
André-Pierre Luzin,	23 Mars 1753.
Jean-Pierre Bignon,	23 Mars 1753.
Pierre Croſnier,	13 Avril 1753.
Charles de Lelo, fils,	27 Avril 1753.
François Guilbaut,	27 Avril 1753.
Jean-Pierre Houſſeau,	11 May 1753.
Louis le Prouſt,	18 May 1753.
Jean-Louis Merlet,	25 May 1753.

M E S S I E U R S,

François Eftienne,	25 May 1753.
Pierre-Jean Martel, fils,	1 Juin 1753.
Cofme-Augufte Lezurier,	1 Juin 1753.
Jean-Baptifte Goujon, fils,	22 Juin 1753.
Pierre Sarton,	22 Juin 1753.
Mathurin Sénéchal,	6 Juil. 1753.
Pierre-Antoine Rouffelet,	20 Juil. 1753.
Edme Amandry,	27 Juil. 1753.
Pierre Lefguillier, le jeune,	17 Août 1753.
Guillaume Dumezeray, *abfent*,	29 Août 1753.
* Charles-Philibert Defprés,	31 Août 1753.
Nicolas Longuet,	31 Août 1753.
Guillaume Claye,	31 Août 1753.
Charles la Cofte,	7 Sept. 1753.
François Véron,	16 Nov. 1753.
Antoine Herbet, *à Abbeville*,	19 Nov. 1753.
Louis-André Boudet,	7 Dec. 1753.
* Bernard Azéma,	7 Dec. 1753.
Etienne-Henry Quatremer,	7 Dec. 1753.
Pierre Camus,	14 Dec. 1753.
Louis-Abraham Lucas de la Vigne,	14 Dec. 1753.
Louis Barbier,	8 Janv. 1754.
François-Jacques Goria, fils,	11 Janv. 1754.
Jean-François Monnoye,	11 Janv. 1754.
André-Thomas Pyot,	18 Janv. 1754.
Maurice Ménant,	18 Janv. 1754.
Louis-Denis Larcena,	25 Janv. 1754.
Henry de la Marre,	25 Janv. 1754.
Pierre Ménédrieux,	1 Fev. 1754.
Nicolas-Claude Picart,	8 Mars 1754.
Charles--Vulgis de la Grouë, fils,	22 Mars 1754.
Denis Piébot,	19 Avril 1754.
Pierre-Michel Bertrand, fils,	19 Avril 1754.
Thomas Royer,	10 May 1754.
Jacques Prudhomme,	24 May 1754.
Pierre-François le Sueur,	28 Juin 1754.

MESSIEURS,

Pierre Favier,	5 Juil. 1754.
François Vigoureux,	12 Juil. 1754.
Louis Bourgeois,	19 Juil. 1754.
Pierre Cornuot,	9 Août 1754.
Jean-François Dauchy,	9 Août 1754.
Philippe Chereau,	23 Août 1754.
Nicolas Rousseau,	30 Août 1754.
Louis-François Maslin, *absent*,	24 Sept. 1754.
Jean-Louis Ravel,	24 Sept. 1754.
Antoine-Joseph Dubru,	18 Oct. 1754.
Jacques-François Bédel,	8 Nov. 1754.
Louis-Guillaume, Picard,	26 Nov. 1754.
Pierre-René Hatry, fils,	29 Nov. 1754.
Sauveur-Jerôme Bardon,	7 Dec. 1754.
Jacques Dufour,	13 Dec. 1754.
Louis Rebut,	20 Dec. 1754.

MESSIEURS,

MESDAMES LES VEUVES.

MESDAMES,

Veuve **J**EAN Andry, pere,	29 Dec. 1665.
Veuve * Jacques Morin, pere,	1 Avril 1678.
Veuve François Dumoutier, pere,	17 May 1686.
Veuve * Claude-Joseph Geoffroy,	4 Janv. 1689.
Veuve Jacques Niceron,	6 May 1689.
Veuve Joachim le Joindre, pere	22 Dec. 1690.
Veuve Gabriel Badoulleau, pere,	12 Janv. 1692.
Veuve Antoine Bezin,	17 Avril 1693.
Veuve Gilbert Bourguignon, pere,	7 Août 1693.
Veuve Louis Jarry,	18 Fev. 1695.
Veuve François Hatry, pere,	1 Fev. 1697.
Veuve Gabriel Bernon, pere,	15 Nov. 1697.
Veuve Pierre-Louis Vignon,	10 Oct. 1698.
Veuve Nicolas Delavelle,	5 Mars 1700.
Veuve * Jean-Nicolas du Ballen,	22 Oct. 1700.
Veuve * David Gillet, pere,	14 Oct. 1701.
Veuve * Jean Pradignat,	27 Oct. 1702.
Veuve Etienne Chapellet,	23 May 1704.
Veuve Pierre Descaves,	18 Juil. 1704.
Veuve Martin Corat,	29 Août 1704.
Veuve François Delorme, pere,	21 Nov. 1704.
Veuve Claude Bénard,	21 Nov. 1704.
Veuve Laurent-Procope Couteaux,	28 Janv. 1707.
Veuve Louis-César Famin, pere,	18 Nov. 1707.
Veuve Jean-Baptiste Meffaiger, pere,	9 Dec. 1707.
Veuve Louis Michel,	22 Juin 1708.
Veuve Jean-Baptiste Couvreur,	27 Juil. 1708.
Veuve François Richard, pere,	12 Avril 1709.
Veuve Claude Vadurel,	15 Nov. 1709.
Veuve Charles Tiffart,	7 Mars 1710.

MESDAMES,

Veuve Laurent Bruyer Dupuis ,	9 Août 1710.
Veuve * Angelin Pascalis, pere ,	24. Oct. 1710.
Veuve Michel le Vieil, pere ,	17 Avril 1711.
Veuve Nicolas-Louis le Tellier ,	29 May 1711.
Veuve Nicolas Maurice ,	2 Oct. 1711.
Veuve Laurent Jacotin ,	5 Août 1712.
Veuve Jean Villain ,	2 Dec. 1712.
Veuve Pierre Robert ,	16 Dec. 1712.
Veuve Jacques-Philippe Bénard ,	23 Dec. 1712.
Veuve Jean Pinondel ,	12 May 1713.
Veuve Etienne Michon ,	29 May 1713.
Veuve Jean Marié , pere ,	15 Sept. 1713.
Veuve * Claude André ,	15 Dec. 1713.
Veuve Jacques Poiré ,	5 Janv. 1714.
Veuve François Berault ,	19 Janv. 1714.
Veuve Charles Gonnet ,	16 Mars 1714.
Veuve * Jean-Jacques Gorff ,	27 Avril 1714.
Veuve Jean Loiseau ,	13 Juil. 1714.
Veuve * Guillaume Laborie ,	9 Nov. 1714.
Veuve Antoine de la Porte ,	21 Juin 1715.
Veuve Gabriel Joseph ,	11 Oct. 1715.
Veuve Pierre-Alexandre Oursel ,	27 Mars 1716.
Veuve Pierre Jubin ,	8 May 1716.
Veuve Philippe Butteux ,	20 Nov. 1716.
Veuve Louis Barbier ,	18 Dec. 1716.
Veuve Jean-François Labbé ,	26 Fev. 1717.
Veuve Pierre Loyauté ,	5 Mars 1717.
Veuve Jean Tonnellier ,	18 Juin 1717.
Veuve Pierre Damiens ,	29 Avril 1718.
Veuve Antoine Poncel ,	23 Sept. 1718.
Veuve Pierre Lucas ,	7 Oct. 1718.
Veuve Jacques Danzel ,	18 Nov. 1718.
Veuve Louis Jourdain ,	18 Nov. 1718.
Veuve Jean-Baptiste-François Bertin ;	18 Nov. 1718.
Veuve * Jerôme Bardon ,	19 Janv. 1720.
Veuve * Nicolas-François Rousselot ,	1 Fev. 1720.

MESDAMES,

Veuve	Jean-Denys Berthelot,	15 Mars 1720.
Veuve	Jean-Baptiste Derny,	12 Juil. 1720.
Veuve	Philippe Richer,	26 Juil. 1720.
Veuve	Nicolas Chambellan,	30 Août 1720.
Veuve	Charles Lobligeois,	20 Sept. 1720.
Veuve	Pierre-Arnould Savy,	20 Sept. 1720.
Veuve	François Ladainte,	11 Oct. 1720.
Veuve	Etienne Prignet,	18 Oct. 1720.
Veuve	Pierre Vassou,	24 Janv. 1721.
Veuve	Joseph Laporte,	14 Mars 1721.
Veuve	Claude Cornet,	8 Août 1721.
Veuve	Marin de la Motte, pere,	29 Août 1721.
Veuve	Jacques Gidois,	8 May 1722.
Veuve	Louis Bésombes,	17 Juil. 1722.
Veuve	Charles Labbé, pere,	31 Juil. 1722.
Veuve	Jean Cardon,	30
Veuve	Thomas-François Jolivet de la Veronniere,	6 Aout
Veuve	Pasquier Darras,	3 Sept. 172
Veuve	Claude de la Seigne,	17 Sept. 1723.
Veuve *	François Clérambourg,	14 Janv. 1724.
Veuve	Jacques de la Combe,	21 Janv. 1724.
Veuve	Joseph Rivet,	10 Mars 1724.
Veuve	Charles-Louis Millon,	15 Sept. 1724.
Veuve	Jean-Nicolas Bertou,	1 Juin 1725.
Veuve	Philippe le Breton,	15 Nov. 1726.
Veuve	Jean-Henry Chelers,	28 Fev. 1727.
Veuve	Bernard Hemery,	4. Juil. 1727.
Veuve	Marin Coigny,	9 Janv. 1728.
Veuve	Louis Hutte,	30 Avril 1728.
Veuve	Louis Demilly,	3 Sept. 1728.
Veuve	Pierre Sallais,	17 Sept. 1728.
Veuve *	Claude-Philippe Mouton,	17 Dec. 1728.
Veuve	Antoine Boulanger,	6 May 1729.
Veuve	Louis-Robert Pia,	19 Oct. 1731.
Veuve	Mathurin-François Manceau,	14 Dec. 1731.
Veuve	François Boival,	18 Janv. 1732.

MESDAMES,

Veuve	Louis Laverve ,	28 Mars 1732.
Veuve	Michel Quignon ,	16 May 1732.
Veuve	François Sage ,	27 Juin 1732.
Veuve	Guillaume Dudefert ,	27 Juil. 1732.
Veuve	Jean Vaffelin ,	19 Dec. 1732.
Veuve	Jean-Pierre Pelletier ,	19 Fev. 1734.
Veuve	Jean Hubert ,	3 Sept. 1734.
Veuve	Louis Robiche ,	1 Avril 1740.
Veuve	Pierre Joly ,	1 Juil. 1740.
Veuve	Nicolas-François Manceau ,	1 Juil. 1740.
Veuve	Quentin Renaudin ,	19 Août 1740.
Veuve	Jacques Dupuis ,	23 Dec. 1740.
Veuve	Roland le Riche ,	10 Fev. 1741.
Veuve	François-Charles Pellard ,	21 Avril 1741.
Veuve *	Antoine-Exupert Dallier ,	12 May 1741.
Veuve	Louis Barbier ,	17 Nov. 1741.
Veuve	Nicolas-Quentin Vigneron ,	17 Août 1742.
Veuve	Antoine-Louis Duhazé ,	23 Nov. 1742.
Veuve	André Rouffel ,	22 Nov. 1743.
Veuve	Pierre Joffe ,	14. Fev. 1744.
Veuve *	Claude-François Geoffroy ,	17 May 1748.
Veuve	René-François le Romain ,	24 Dec 1749.
Veuve	Thomas Pouteau ,	10 Sept. 1751.

MESDAMES,

MESDAMES,

CATALOGUE GENERAL
ALPHABETIQUE. 1754.

MESSIEURS,

A

Veuve	Jean	Andry, pere,	*rue de la Harpe,*	1665
Veuve *	Claude	André,	*rue S. Jacq. la Bouch.*	1713
	Jacques-Louis	Alleaume,	*rue des Prouvaires,*	1718
	Louis-Pierre	André,	*rue Mauconseil,*	1718
	Pierre	Ancquetil,	*rue de la Verrerie,*	1720
*	Etienne-Fois	Aftier,	*rue Sencier,*	1720
	Jean-Philippe	Andrieux,	*rue des Prouvaires,*	1720
	François,	Auger,	*rue Mouffetard,*	1725
	François	Aubron,	*au Marché-Neuf,*	1726
	Jean-François	Alexandre,	*rue Montorgueil,*	1730
	Louis-Lanfrand	Arnould,	*rue Quinquempoix,*	1732
	Nicolas	Aubert,	*cloître S. Méderic,*	1732
	Pierre-Jerôme	Ancquetil,	*au Gros Caillou,*	1733
	Jean-Louis	Arambourg,	*rue saint Honoré,*	1734
	François	Andry, fils,	*rue de la Harpe,*	1734
	Etienne-Fois	Auger,	*rue saint Denis,*	1736
	Nicolas-Louis	Aliais,	*rue des Poulies,*	1739
	Louis	Auger,	*rue Mouffetard,*	1745
	Joseph	Amyot,	*rue saint Jacques,*	1747
	Pierre-Alexandre	Arnoult,	*rue saint Antoine,*	1749
	Louis	Athenas,	*rue Mouffetard,*	1750
	Louis	Auger, le jeune,	*rue Jean-saint-Denis,*	1752
	Edme	Amandry,	*rue Montorgueil,*	1753
*	Bernard,	Azéma,	*rue Bourtibourg,*	1753

MESSIEURS;

A

B

Veuve	Gabriel	BAdoulleau, P.	*rue saint Martin,*	1692
Veuve	Antoine	Bézin,	*rue des Lombards,*	1693
Veuve	Gilbert	Bourguignon, P.	*près les Consuls,*	1693
Veuve	Gabriel	Bernon,	*place Maubert,*	1697
	Pierre	Breban,	*vis-à-vis le Temple,*	1700
	Jean	Bondona,	*fauxbourg S. Antoine.*	1700
	François	Bertin,	*rue du Temple,*	1704
Veuve	Claude	Benard,	*vis-à-vis la Comédie,*	1704
*	René-Louis	Bailly, pere,	*cul-de-sac Ste. Croix,*	1708
	Barthelemy - Aug.	Boudet, pere,	*rue saint Martin,*	1712
Veuve	Jacques-Philippe	Bénard,	*rue Mouffetard,*	1712
Veuve	François	Berault,	*rue des Arcis,*	1714
	Pierre	Bitouzé,	*rue des Augustins,*	1716
	Louis	Bardin,	*montag. Ste. Geneviev.*	1716
Veuve	Philippe	Butteux,	*rue des Vieux Augus.*	1716
Veuve	Louis	Barbier,	*rue de Lourfine,*	1716
	Jean	Bocquet,	*quai des Celestins,*	1718
	Gilbert	Bourguignon,	*près les Consuls,*	1718

MESSIEURS,

B

Veuve	Jean-François	Bertin,	*rue faint Victor,*	1718
	François	Bétambeau,	*rue des Foffoyeurs,*	1719
	Jean-Baptifte	Bénard,	*fous les pil. d'Etain,*	1719
Veuve	Jean-Denis	Berthelot,	*à Chaillot,*	1720
	Louis-Edme	Beau,	*carrefour de l'Ecolle,*	1720
Veuve	Jerôme	Bardon,	*rue du Bacq,*	1720
	Antoine	Bourgeois,	*rue faint Honoré,*	1720
	Pierre	Breant,	*rue Montmartre,*	1720
	Antoine	Bachelier,	*rue des petits Auguf.*	1720
	Gafpard	Badoulleau,	*rue Quinquempoix,*	1720
	Barthelemy-Juftin	Boudet, fils,	*rue faint Martin,*	1720
	Louis-Nicolas	Barbier,	*rue faint Anaftafe,*	1722
	François	Beuzelin,	*rue des 2. port. S. Sauv.*	1722
Veuve	Louis	Bezombes,		1722
★	Antoine	Barbe,	*rue Notre-Dame,*	1722
	Jacques	Badoulleau,	*rue Aubry-Boucher,*	1722
	Louis	Bénard,	*montag. Ste. Geneviev.*	1722
Veuve	Jean-Nicolas	Bertou,	*fauxbourg S. Antoine,*	1725
	Pierre	Beaujeu,		1728
	Nicolas-François	Bonvouft,	*rue Aumaire,*	1728
Veuve	Antoine	Boulanger	*rue Montorgueil,*	1729
	Thomas-Ambroife	Bardin,	*quai des Ormes,*	1730
	Jofeph	Bourgarel,	*rue des Lombards,*	1730
	Jean-Baptifte	Boutteville,	*rue des Lombards,*	1730
	Jacques	Boullanger,	*rue S. André-des-Arcs.*	1730
	Jean-Baptifte	Benard,	*rue Mouffetard,*	1730
	Louis	Boüillet,	*rue Aumaire,*	1731
	Adrien	Becquet,	*rue de Séve,*	1731
	Louis-Guillaume	Béhours,	*rue du Bacq,*	1732
	Louis	Badoulleau,	*cour du Palais,*	1732
Veuve	François	Boival,	*rue faint Victor,*	1732
	Jean-Claude	Bétout,	*rue Grenelle S. Honor.*	1732
	Antoine-Charles	Ballüet,	*rue faint Antoine,*	1732
	Pierre	Barbot,	*rue faint Antoine,*	1733
	Jean-Claude	Breton,	*rue des Goblins,*	1733

MESSIEURS,

B

Etienne	Broüet,	*rue Dauphine,*	1733
Edme	Boudin,	*rue des Vieux Auguſ.*	1733
Pierre-François	Boiſſeau,	*rue ſaint Honoré,*	1733
Gilles	Barbier,	*vieille rue du Temple,*	1733
Pierre-Barthelemy	Boiſſeau,	*rue de Séve,*	1734
Antoine-Louis	Bazin,		1735
Etienne	Boucherat,	*fauxbourg S. Antoine,*	1735
Adrien	Bellot,	*rue des Lombards,*	1735
Jean-Baptiſte	Buvat,	*rue aux Ours,*	1736
Jean	Boivin,	*rue des pet. Ch. S. Mart.*	1736
Jean-Denis	Boivin,	*rue de la Comédie,*	1737
* Ignace-Theodore	Brongniard,	*rue de la Harpe,*	1737
Etienne	Boüillerot,	*rue Mouffetard,*	1737
Nicolas	Boilleve,	*rue du Bacq,*	1737
Louis	Bourgeois,	*fauxbourg S. Antoine,*	1738
Guillaume	Bénard,	*rue ſaint Martin,*	1738
Guillaume	Benoiſt,	*rue de la Tixeranderie,*	1738
René-Antoine	Bigot,	*cloître ſaint Méderic,*	1738
Nicolas	Ballin,	*rue ſaint Victor,*	1740
Pierre	Bertrand,	*rue Montorgueil,*	1740
Nicolas	Barbier,	*rue de Seine,*	1740
* Louis-René	Baïlly,	*cimetiere ſaint Jean,*	1740
Jean-Claude	Bien-Aimé,	*rue ſaint Antoine,*	1740
* Charles-François	Bruſley,	*à Angers,*	1741
* Charles-François	Baïlly,	*cimetiere ſaint Jean,*	1741
* Louis-Antoine	Bellier,	*rue Beauregard,*	1741
Etienne	Beguin,	*rue Galande,*	1741
Veuve Louis	Barbier,	*rue de Lourſine,*	1741
Marc	Broüe,	*rue ſaint Martin,*	1742
Etienne	Blangy,	*cloître Ste. Opportune,*	1742
Ange-Memin	Berieux,	*rue ſaint Denis,*	1742
* Nicolas	Bedu,	*rue Mouffetard,*	1743
* Louis	Boullanger,	*rue des Vieux Auguſ.*	1743
Gabriel	Bremont,	*abſent,*	1743
* Franç. Guillaume	Bert,	*rue de Beaune,*	1743

MESSIEURS,

B

Nicolas	Blet,	rue du Four, S. Germ.	1743
Charles	Baïlbled,	rue faint Honoré,	1743
Louis	Bourey,	coin de la rue de Clery,	1744
Jacques	Ballet,	rue faint Martin,	1745
* Jean-François	Bolduc,	rue des Boucher. S. G.	1745
Jacques	Bertin,	rue Montmartre,	1745
* Noël	Bert,	rue de Beaune,	1745
André,	Brébion,	rue de l'Arbrefec,	1746
Jacques	Briens,	rue Mouffetard,	1747
Thomas	Bénard,	rue Bourtibourg,	1747
Pierre-René	Bergerat,	rue des Prefcheurs,	1748
* Jofeph	Bataille	montag. Ste. Geneviev.	1748
François	Bordet,	à la Grêve,	1748
Pierre	Bourgeois,	rue neuve Ste. Geneviev.	1749
Pierre	Bernon,	place Maubert,	1750
Denis-Louis	Bourjot,	rue S. Thom. du Louv.	1750
Jean-Baptifte	Boucaut,	place faint Michel,	1750
Louis	Badoulleau, fils,	rue S. Jacq. la Boucher.	1751
Guillaume	Bénard,	rue Guerin-Boiffeau,	1751
* François	Blanchard,	rue de la Harpe,	1751
Jacques-Louis	Bardin,	rue Bourg-l'Abbé,	1752
Jofeph-Nicolas	Bertou,	rue faint Denis,	1752
* Antoine	Beaumé,	rue faint Denis,	1752
Claude-Alexandre	Benoift,	rue faint Martin,	1752
Charles	Bordeaux,	rue des Gravilliers,	1752
Jean-Pierre	Bignon,	rue Dauphine,	1753
Louis-André	Boudet,	fauxbourg S. Antoine,	1753
Louis	Barbier,	rue Mouffetard,	1754
Pierre-Michel	Bertrand, fils,	fauxbourg S. Antoine,	1754
Louis	Bourgeois,	à la Croix rouge,	1754
François	Bedel,		1754
Sauveur-Jerôme	Bardon,	rue du Bacq,	1754

MESSIEURS,
B

MESSIEURS,

Cc

Veuve	Etienne	Chapellet,	*rue du Four, S. Germ.*	1704
	Jean	Coquart,	*rue du Four, S. Germ.*	1704
Veuve	Martin	Corat,	*abfent,*	1704
	Guillaume - Nicol.	Capet,	*rue faint Honoré,*	1706
Veuve	Laurent-Procope	Couteaux,	*rue de la Comédie,*	1707
	François	Camus,	*rue Aubry-Boucher,*	1707
	Louis	Coüet,	*rue faint Honoré,*	1708
Veuve	Jean-Baptifte	Couvreur,	*rue des Fontaines,*	1708
★	Henry	Charas,	*rue Dauphine,*	1717
★	Charles-Nicolas	Clement,	*rue du Four, S. Germ.*	1718
	Claude-Louis	Champion,	*rue Beaubourg,*	1718
	Robert	Chefdeville,	*à Lizieux,*	1718
	Pierre-Louis	Camus, pere,	*rue de Buffy,*	1720
Veuve	Nicolas	Chambellan,	*rue de la Huchette,*	1720
★	Michel-Eleonor	Chachignon,	*rue faint Honoré,*	1720
	Jerôme	Coufin,	*rue faint Honoré,*	1720
Veuve	Claude	Cornet,	*rue faint Severin,*	1721
	Elie	Cofté,	*rue neuve S. Martin,*	1722
	Pierre-Samüel	Chenu,	*rue faint Martin,*	1722
	Jacques	Caftel, pere,	*rue des 5 Diamants,*	1722
Veuve	Charles	Cardon,	*rue Pot-de-Fer,*	1723
	Antoine-Fois	Cœur-de-Ville,	*rue Judas,*	1724
Veuve ★	François	Cherambourg,	*rue faint Honoré,*	1724
	Arnould	Chevery,		1727
Veuve	Jean-Henry	Chelers,	*rue faint Denis,*	1727
Veuve	Marin	Coigny,	*rue des Lombards,*	1728
	Pierre-Jullien	Cherrier,	*fauxbourg S. Antoine,*	1730
★	Antoine-Marie	Chilhaud,	*rue de Seine,*	1730
	Jacques-Paul	Claret,	*rue Vieille-Monnoye,*	1731
	Charles	Canel,	*rue faint Antoine,*	1732
	Louis-Benjamin	Chervife,	*rue Quinquempoix,*	1733
★	Claude-François	Ceffac,	*rue neuve S. Etienne,*	1733
	Jacques	Cheveny,	*rue des Moineaux,*	1734
★	Maurice-Charles	Chevallier,	*rue de Séve,*	1735

MESSIEURS,

C

Jean-Paul	Cugno ,	*rue de la Monnoye ,*	1736
François	Crofnier ,	*rue S. Jacq. la Boucher.*	1738
★ Pierre	Chilhaud,	*rue du petit Lyon, S. G.*	1739
Bertrand	Couzier,	*rue Grenelle , S. Hon.*	1739
Jean-Jacques	Carrey-Villiers ,	*rue faint Honoré ,*	1740
Antoine	Cochepin,	*rue Trouffevache ,*	1740
Nicolas	Couture ,	*rue des Foffés S. Germ.*	1740
Pierre	Caffel ,	*abfent ,*	1742
Charles	Collet ,	*rue Coquilliere ,*	1742
Jean	Chevalier ,	*rue de Gefvres ,*	1742
Jean-René	Collin ,	*place Baudoyer ,*	1742
Pierre	Carreau,	*orme faint Gervais ,*	1743
Jacques-Philippe	Chapelle ,	*rue neuve S. Méderic ,*	1743
Gilles-Denis	Caftel ,	*place Baudoyer ,*	1743
Pierre-Louis	Camus,	*rue de Bourbon , S. G.*	1743
Louis	Cornillard,	*grande rue de Séve ,*	1743
François-Alexis	Claret ,	*fauxbourg S. Antoine,*	1744
Jean-Nicolas	Colas,	*rue Grenier S. Lazare,*	1744
Nicolas	Collin ,	*rue des Lombards ,*	1745
Jerôme	Chandellier,	*rue du Sépulchre ,*	1746
Noël	Coeffet ,	*rue S. Germain l'Aux.*	1748
Laurent	Coufin ,	*rue neuve S. Martin ,*	1748
Noël-Pierre	Camus , fils ,	*rue faint Denis ,*	1748
Louis-Joachim	Cattet ,	*rue des 4.Vents, F.S.G.*	1749
François-Alexand.	Colombel ,	*rue des Lombards ,*	1749
★ François	Cozette ,	*porte faint Jacques ,*	1750
Jacques-Antoine	Caftel, fils ,	*rue des 5 Diamants ,*	1750
Jean-Jofeph	Chervain ,	*rue Montmartre ,*	1750
Jacques	Chereau ,	*rue Planche-Mybray ,*	1751
★ Adrien-Henry	Charas ,	*rue Dauphine ,*	1751
Nicolas	Courtier ,	*rue faint Jacques ,*	1751
François	Convert,	*rue de la Comédie ,*	1751
Jean-François	Cardon ,	*rue faint Denis ,*	1751
Claude	Charier ,	*place Maubert ,*	1752
François-Michel	Chantrelle ,	*rue de l'Arbre-fec ,*	1752

MESSIEURS,

C

Pierre	Crosnier,	*rue de la Mortellerie,*	1753
Guillaume	Claye,	*rue des Lombards,*	1753
Pierre	Camus,	*rue des Lombards,*	1753
Pierre	Cornüot,	*fauxbourg S. Honoré,*	1754
Philippe	Chereau,	*rue Mouffetard,*	1754

MESSIEURS,

D

Veuve	François	Dumoutier, P.	*rue Grand.-Truander.*	1686
	Amable-Joseph	Deschamps, pere,	*rue Chanvrrerie,*	1694
	Jacques	Demontqueron,	*rue Truanderie,*	1700
Veuve	Nicolas	De la Velle,	*rue de la Ferronnerie,*	1700
Veuve *	Jean-Nicolas	Duballen,	*fossés de M. le Prince,*	1700
	Pierre	Desmarets,	*rue des Bouch. S. Germ.*	1702
*	Antoine	Duverger,	*rue saint Martin,*	1703
Veuve	Pierre	Descaves,	*butte saint Roch,*	1704
Veuve	François	Delorme, pere,	*rue saint Denis,*	1704
	Charles-Guillaume	De la Fuye de Joyenval, pere,	*rue de la Clef,*	1707
Veuve	Laurent-Bruyer	Dupuis,	*rue Montmartre,*	1710
	Charles	Duprez,	*rue Mazarine,*	1712
	Nicolas	Debrie,	*à Fontainebleau,*	1713
	Robert	Dufresne,	*rue d'Enfer en la Cité,*	1713
Veuve	Antoine	De la Porte,	*rue Comtesse-d'Artois,*	1715
	Nicolas-Jacques	Dufour,	*rue des quatre Vents,*	1715
	François	Darracq,	*cloître S. Nic. du Louv.*	1715
	Nicolas	Dunet, pere,	*rue des Prouvaires,*	1716
Veuve	Pierre	D'Amiens,	*rue de Bourbon,*	1718
	Jean-François	Devarennes,	*à Lyon,*	1718
	Louis	Dijon,	*rue saint Honoré,*	1718
	Jean-Louis	Delacombe,	*rue saint Antoine,*	1718
Veuve	Jacques	Danzel,	*rue S. Germain l'Aux.*	1718
	Jean-Amable	Deschamps, fils,	*à Marseille,*	1718
	Alexandre-Pean	De Saint Gilles, P.	*rue Plâtriere,*	1720
Veuve	Jean-Baptiste	Derny,	*rue du Bacq,*	1720
	Pierre-Laurent	Descaves,	*butte saint Roch,*	1720
	Jacques	Dujat,	*fauxb. Montmartre,*	1720
	Antoine	De la Marre,	*rue Beaubourg,*	1720
	Nicolas-Daniel	De Dessus-le-Moustier,	*rue Darnetal,*	1720
	Pierre	Doinville, pere,	*fauxb. saint Martin,*	1721
Veuve	Marin	De la Motte, pere,	*rue des deux Ecus,*	1721

MESSIEURS,

D

	Simon	Dollimier,	*à Corbeil,*	1722
	Louis	Delobel,	*rue Quinquempoix,*	1722
	Charles-Antoine	De Couſſy,	*barriere ſainte Anne,*	1722
	Antoine	Décalogne,		1722
	Fr.-Louis-Marion	Des Landris,	*rue ſaint Honoré,*	1722
	Louis-Martin	Dumoutier,		1723
Veuve	Thom.-Fr.-Jolivet	De la Veronniere,	*au Puits Certain,*	1723
Veuve	Paſquier	Darras,	*rue ſaint Paul,*	1723
	François	De la Ruë,	*foſſés de M. le Prince,*	1723
Veuve	Claude	De la Seigne,	*rue d'Orléans,*	1723
	Noël	De la Voypierre, P.	*rue Truanderie,*	1723
	Jacques	Dubois,	*rue ſaint Martin,*	1724
	Jean	De la Marre,	*rue ſaint Martin,*	1725
Veuve	Jacques	Delacombe,	*rue Sal-au-Comte,*	1725
	Jean-Baptiſte	Delelo,	*rue des Barres,*	1725
	Marc-Michel	Du Tremblay,	*rue Bardubec,*	1726
	Touſſaint	De la Nois,	*rue de la Mortellerie,*	1727
	Jerôm.-Joſep.-Gil.	De Baſſonville,	*rue des Cordelliers,*	1727
	André,	De Longe,	*à Fontainebleau,*	1727
	Simon-Louis	Duchauffour,	*rue Jacob,*	1728
Veuve	Louis	Demilly,	*rue ſaint Antoine,*	1728
	Albert	Des Coſſines,	*rue de Séve,*	1728
	Barthelemy	Dombres,	*rue des Provaires,*	1730
	Sulpice	De Bauve,	*rue de la Heaumerie,*	1730
	Claude-Guy	Dufreſnay,	*rue Gratiere,*	1730
	Jean-Baptiſte	Dumay,	*porte ſaint Jacques,*	1730
	Jean-François	Ducornoy,	*rue Froidmanteau,*	1730
	Jean	Doüaud, pere,	*rue Mauconſeil,*	1730
	Jean-Baptiſte	De la Porte,	*fauxbourg S. Honoré,*	1731
	Antoine	Dumoutier, le jeu.	*rue Mauconſeil,*	1731
	Mathurin-Jacques	De Deſſus - le - Mouſtier,	*au Bureau,*	1731
Veuve	Guillaume	Du Déſert,	*rue ſainte Avoye,*	1732
	Charles	Duclos,	*rue S. André des Arcs,*	1732
	François-Laurent	Dumoutier, l'aîné,	*rue Truanderie,*	1733

MESSIEURS,

D

	Antoine	Doudeüil,	*rue des Prefcheurs,*	1734
	Pierre-Olivier	De la Groüe, pere,	*rue des deux Ponts,*	1735
	René - Alexis - Greflier	Delanoë,	*rue de Séve,*	1735
	Thomas	De Launay,	*rue faint Paul,*	1735
	Charles	De la Voyepierre,	*rue des petits Champs,*	1736
	François	Duval,	*rue du Four, S. Germ.*	1737
	François	Dagan,	*abfent,*	1737
	Laurent	Ducoin,	*rue des deux Ponts,*	1737
	Nicolas-François	Dunet, fils,	*rue Comteffe-d'Artois,*	1737
*	Jean	Dufour,	*marché aux Poirées,*	1737
	François	De Lorme,	*rue Coffonnerie,*	1738
	Nicolas	Du Hazé,	*rue faint Denis,*	1738
	Nicolas	Dujardin,	*rue Phelippeaux,*	1738
	Léonard-Nicolas	Dupuis-Moret,	*rue Vieille-Monnoye,*	1738
*	François-Louis	Defprés,	*rue Bétizy,*	1738
	Jacques-Tondu	De Nangis,	*rue Comteffe-d'Artois,*	1739
	Antoine-Marie	De Bourges,	*rue de Savoye,*	1740
	Louis	De la Combe,	*rue de l'Arbre-fec,*	1740
Veuve	Jacques	Dupuis,	*porte faint Jacques,*	1740
	François	De la Fuye de Joyenval,	*rue de la Juiverie,*	1741
	François	Dubourg,	*rue Froidmanteau,*	1741
*	Louis-Raymond	De la Rivierre,	*rue de Richelieu,*	1741
Veuve *	Antoine-Exupert	Dallier,	*rue S. Louis au Marais,*	1741
	Nicolas	Defcoings,	*rue des Boucher. S. G.*	1742
	Robert	De Lorme,	*rue Coffonnerie,*	1742
	Claude	Duval,	*rue faint Honoré,*	1742
	Jean-Claude	Dupré,	*abbaye faint Germain,*	1742
Veuve	Antoine-Louis	Du Hazé,	*rue de la Poterie,*	1742
*	Louis	De Moret,	*rue faint Martin,*	1743
	Jean-Jacq.-Remy-Mordant	De Launay,	*barriere Charonne,*	1743
	Claude-Vincent	Duval,	*rue faint Antoine,*	1743
	Etienne-Jean	Duval,	*rue Meflée,*	1743

MESSIEURS,

D

Antoine-Alexand.	De la Marre,	*rue des Gravilliers,*	1743
Jean	De la Motte,	*fauxbourg S. Honoré,*	1744
Pierre-Paul	De la Groüe,	*foſſés ſaint Victor,*	1744
Charl.-Guillaume-Louvet	Dubois,	*rue Aubry-Boucher,*	1744
Jean-Creſpin	Dujardin,	*cimetiere ſaint Jean,*	1745
Louis	Dubois,	*rue Mouffetard,*	1745
Léonard	Danjoux,	*rue ſaint Denis,*	1745
Nicolas	Danré,	*rue ſaint Martin,*	1745
Jacques	Demain,	*à Reims,*	1745
Pierre-Alexandre	Débeine,	*rue du Harlay,*	1745
Franç.-Chriſtophe-Barbey	De la Ruë,	*rue Mouffetard,*	1746
Denis-Pierre	De Monbyne,	*rue ſaint Martin,*	1747
Jean	Duſſaux,	*rue de la Huchette,*	1748
François	Deſécouttes,	*rue Jean-de-l'Epine,*	1748
Gabriel	Debeſſe,	*rue de Beaune,*	1748
★ Laurent-Charles	De la Planche,	*rue de la Planche,*	1748
Louis	De Londre,	*rue des Lombards,*	1749
Thomas	De Lelo,	*rue des ſept Voyes,*	1749
Charles-Dominiq.	Ducheſne,	*rue ſaint Antoine,*	1749
Martin	Danne,	*rue ſaint Denis,*	1749
Jean-Gilbert	Du Sautoy,	*cloître S. Jean-de-Latr.*	1749
Charles	De la Place,	*rue Trop-va-qui-dure,*	1749
André-Philippe	Danzel,	*rue ſaint Antoine,*	1749
Pier.-Henry-Pean	De Saint Gilles, F.	*rue Plâtriere,*	1749
Nicolas-Noël	De la Voypierre, F.	*portail ſaint Euſtache,*	1750
François	Dujardin,	*rue de Séve,*	1750
Jean-Baptiſte	Dufour,	*rue du Grand-Heurleur*	1750
Nicolas-Robert	Dulac,	*rue ſaint Denis,*	1750
Guillaume-Claude	Dautin,	*rue S. Germain l'Aux.*	1750
Adrien-Jean	Doüaud, fils,	*rue Montmartre,*	1750
Louis Joſ. Froment	De la Motte,	*rue Bordet,*	1750
Eloy	Daix,	*vieille rue du Temple,*	1750
Jacques	Du Sautoy,	*marché Dagueſſeau,*	1750

MESSIEURS,

D

Jean-Guillaume	De la Fuye de Joyenval,	*rue Fromagerie,*	1751
Michel	Duval,	*fauxbourg S. Denis,*	1751
Louis	Dufrefne,	*rue de la Mortellerie,*	1751
Joſeph-Guillaume	Dupuis,	*fauxb. ſaint Jacques,*	1751
Nicolas-Elizabeth	Deſouches,	*rue de la Harpe,*	1751
Jean-Pierre	Duchefne,	*fauxb. ſaint Antoine,*	1751
Jean	Delzard,	*fauxb. ſaint Laurent,*	1751
Pierre	Doinville, fils,	*rue du Cherche-Midi,*	1751
Denis	De la Voypierre, fils, jeune,	*rue Coſſonnerie,*	1751
Daniel-François	De Deſſus - le - Mouſtier,	*rue du petit Bourbon,*	1751
Marin	De la Motte,	*rue des deux Ecus,*	1752
Nicolas	Depoix,	*fauxb. ſaint Antoine,*	1752
Jean - Touſſaint Gueldroy	Dufrefne,	*rue Beauregard,*	1752
Laurent-Benoît	De Conchy,	*rue Giſt-le-Cœur,*	1752
Jean-Louis	Domé,	*rue S. Germain l'Aux.*	1752
Jean-Baptiſte	De Baſſonville,	*rue du Bon-Puits,*	1752
Charles	De Lelo,	*rue de Lape,*	1753
Gilles	Dumezeray,	*à Amiens,*	1753
* Charles-Philibert	Deſprés,	*rue ſainte Avoye,*	1753
Louis-Abrah. Lucas	De la Vigne,	*rue des Mauv.-Garç.*	1753
Henry	De la Marre,	*place ſaint Michel,*	1754
Charles Vulgis	De la Grouë, fils,	*rue de Séve,*	1754
Jean-François	Dauchy,	*fauxb. ſaint Antoine,*	1754
Antoine-Joſeph	Dubru,	*rue ſaint Victor,*	1754
Jacques	Dufour,	*rue*	1754

MESSIEURS,

D

MESSIEURS,

E

André	Euftache,	*rue S. Louis au Marais,*	1720
Simon-Pierre	Efnault,	*rue Traifnée,*	1736
François	Eftienne,	*rue Coquilliere,*	1752

F

	Etienne	Ferrand,	*rue faint Martin,*	1697
	Pierre	Famin,	*rue de la Coffonnerie,*	1698
Veuve	Louis-Céfar	Famin, pere,	*rue Comteffe-d'Artois,*	1707
	Barthelemy	Fagnou, pere,	*rue Grande Truander.*	1711
	Joachim	Famin,	*rue des Prefcheurs,*	1713
	Jacques-Philippe	Filliot,	*rue faint Antoine,*	1718
	Jacques	Ferry, pere	*rue Grande Truander.*	1720
	Jean-Baptifte	Filliot,	*fauxb. faint Antoine,*	1720
	Pierre	Famin, fils,	*rue Coffonnerie,*	1720
	Antoine	Fournier,	*fauxb. faint Jacques,*	1721
	Martin	Fremin,	*rue faint Martin,*	1726
	Louis-Pierre	Fourcroy,	*rue du Pon-Puis,*	1728

MESSIEURS,

F

Sébastien	Feüillet,	*rue de la Mortellerie,*	1729
Jacq. - Barthelemy	Fagnou, fils,	*rue Grande Truander.*	1734
Nicolas	Fournier,	*marché aux Poirées,*	1734
Louis-Joseph	Fatou,	*rue saint Denis,*	1735
Antoine	Fleury,	*rue saint Honoré,*	1737
Claude	Forsan,	*rue des Arcis,*	1738
Noël-Nicolas	Famin,	*rue sainte Avoye,*	1738
Claude-Charles	Fremin,	*rue saint Denis,*	1739
Laurent	Ferté,	*absent,*	1739
Guy-Pasquier	François,	*absent,*	1742
Pierre	Fatou,	*rue Montmartre,*	1743
Pierre	Ferry, fils,	*marché aux Poirées,*	1744
Jacques-Antoine	Ferry, fils,	*rue Grande Truander.*	1745
Jean-Claude	Frary,	*rue de la Mortellerie,*	1746
Nicolas-Pasquier	Fourier,	*fauxb. saint Antoine,*	1747
Jacques-Nicolas	Faure,	*rue saint Antoine,*	1751
Pierre-Augustin	Favre,	*rue Montorgueil,*	1751
Pierre	Favier,	*rue Vieille-Draperie,*	1754

MESSIEURS,

G

Veuve *	Claude-Joseph	**G**eoffroy,	*rue du Bourtibourg,*	1689
Veuve *	David	Gillet,	*rue des Lombards,*	1701
	Jacques	Gillet, pere,	*rue Coquilliere,*	1704
	Jacques	Guerin,	*butte faint Roch,*	1707
	George	Goujon, pere,	*rue Vieille-Monnoye,*	1711
	Robert	Gorand, pere,	*rue des Prouvaires,*	1713
	Louis	Guimonneau, pere,	*cloît. S. Germ. l'Aux.*	1713
Veuve	Charles	Gonnet,	*rue de la Harpe,*	1714
	Pierre	Goujon, pere,	*porte faint Antoine,*	1715
Veuve *	Jean-Jacques	Gorff,	*près la Charité,*	1715
	Louis	Gobiat,	*abfent,*	1717
	Jean	Godard,	*rue faint Martin,*	1718
	Jean	Guirault,	*place Maubert,*	1719
	Louis	Guyot,	*fauxb. faint Denis,*	1720
	Denis-Louis	Goujon,	*rue Aubry-Boucher,*	1720
*	Jacques-Simon	Geffrotin,	*rue faint Denis,*	1720
	Adrien	Goujon,	*rue des Ecrivains,*	1720
*	Jean-Daniel	Gillet,	*rue des Lombards,*	1720
	François	Gouffery,	*à la Pierre-au-Lait,*	1721
	François-Jacques	Guillot,	*rue Mouffetard,*	1721
Veuve *	Jacques	Gidois,	*rue Mazarine,*	1722
	André	Germain,	*rue des Lombards,*	1722
	Jacques	Goria,	*rue Mouffetard,*	1724
	Bernard	Geniés,	*rue de la Poterie,*	1725
	Jean	Gréban,	*rue des Barrés,*	1728
	Antoine	Gallet,	*rue faint Martin,*	1730
	Etienne	Gallet,	*rue neuve S. Méderic,*	1730
	Charles	Garnier,	*rue de Poitou,*	1731
	Denis	Gaut,	*rue faint Laurent,*	1731
	Jean-Bapt.-Ant.	Gilles,	*rue faint Jacques,*	1731
	Pierre	Grandjean,	*rue faint Honoré,*	1733
	Julien	Garnuchot,	*rue Philippeaux,*	1734
	Claude	Gautier,	*rue de la Huchette,*	1735
	Antoine-Nicolas	Goujon, fils,	*place Maubert,*	1736

MESSIEURS,

G

	Louis-Joseph	Gouffé,	rue de la Barillerie,	1737
	Pierre	Ginifty,	rue de Coſſonnerie,	1737
	Jean-Louis	Guimonneau, fils,	rue Coquilliere,	1737
	Didier	Guillaume,	rue Grande Truander.	1737
Veuve	Jean-Joachim	Goüy,	rue Jacob,	1738
*	Jean	Guindre,	porte ſaint Denis,	1738
	Charles	Gillet,	rue neuve des pet. Ch.	1738
	Louis-Etienne	Geré,	rue Poiſſonniere,	1739
	Pierre	Georget,	rue du Four, S. Germ.	1739
*	Anthelme	Genant,	place Maubert,	1739
	Antoine	Guefnon,	rue de la Croix,	1739
	François	Gabeau,	rue du petit Pont,	1739
	Pierre-André	Gaftellier,	rue de la Mortellerie,	1740
	Robert	Gaillard,	rue ſaint Barthelemy,	1741
	Antoine	Guibet,	abſent,	1742
	Robert	Gorand, fils,	rue des Prouvaires,	1742
	Claude	Guyot,	rue de la Juiverie,	1743
	Louis	Gillet,	abſent,	1743
	Nicolas	Guerin,	carrefour S. Benoiſt,	1743
	Edmond-Jean	Georget,	rue des Vieux Auguſ.	1743
	Pierre	Goujon, fils,	porte ſaint Antoine,	1743
	Jean-François	Guinard,	rue Maubué,	1744
	Jacques	Grimart,	rue de Bourgogne,	1744
	Robert-Jacques	Gillet, fils,	rue Coquilliere,	1745
	Etienne	Girard,	rue S. Lous au Marais,	1746
	Pierre	Gaillard,	rue des Noyers,	1747
	Pierre-Jean-Raym.	Garnier,	abſent,	1747
Veuve *	Claude-François	Geoffroy,	rue ſaint Jacques,	1748
	Henry-Linot	Guerin,	fauxb. ſaint Jacques,	1748
	Bernard-Alexand.	Gibert,	butte ſaint Roch,	1749
	Jean-François	Gaftellier,	rue Bourg-l'Abbé,	1749
	Henry	Galand,	rue de la Harpe,	1749
	Jean-Jacques	Goffet,	rue du Hurpoix,	1750
	Charles-Louis	Girault,	rue Fromagerie,	1750
	Pierre	Gabeau,	rue ſaint Antoine,	1751

MESSIEURS,

G

Anſelme	Grandjean,	*rue de la Mortellerie,*	1751
* Jacques-Antoine	Gorſſ,	*fauxb. ſaint Antoine,*	1751
Michel	Guidon,	*abſent,*	1751
Jean	Guilmain,	*rue de Richelieu,*	1752
Antoine-Maximil.	Guibillion,	*rue Dauphine,*	1752
Pierre	Gallet,	*pont ſaint Michel,*	1752
François	Guilbaut,	*rue Montmartre,*	1753
Jean-Baptiſte	Goujon,	*porte ſaint Antoine,*	1753
François-Jacques	Goria, fils,	*barriere de Clamard,*	1754

MESSIEURS,

H

Veuve	François	Hatry, pere,	*rue S. André-des-Arcs,*	1697
	Jean-Pierre	Hatry,	*rue des Lombards,*	1713
	Denys-Louis	Hanoque,	*rue saint Antoine,*	1714
	Jacques	Haudoir,	*quai de l'Ecole,*	1715
	Antoine	Hennique,	*rue Montmartre,*	1716
	Barnabé	Hoüet,	*rue du Four, S. Germ.*	1717
	Pierre-Philippe	Henault,	*fauxb. saint Honoré,*	1717
	Claude-Emanuel	Houdet,	*en Franche-Comté,*	1719
	Jean	Haline, pere,	*rue saint Bon,*	1719
*	Joseph	Henry,	*rue Montmartre,*	1719
	Jean	Henoque, pere,	*rue Grande Truander.*	1719
*	Jacques	Hennique, pere,	*rue du Crucifix S. Jac.*	1720
	François-René	Hatry, pere,	*rue Comtesse-d'Atois,*	1720
*	Jean-Claude	Habert,	*rue du Four, S. Germ.*	1720
	Alexandre	Houllier,	*rue des Marmouzets,*	1722
Veuve	Bernard,	Hemery,	*place Maubert,*	1727
	Jean	Hibert,	*à Cannes,*	1727
	Bon-Benigne	Hogard,	*rue saint Martin,*	1728
Veuve	Louis	Hutte,	*rue saint Victor,*	1728
	Pierre	Hugo,	*rue Montorgueil,*	1730
Veuve	Jean	Hubert,	*cloître saint Landry,*	1734
	Jean-Pierre	Hatry, le jeune,	*rue des Lombards,*	1735
	Louis	Houdry,	*rue de la Verrerie,*	1735
	Barthelemy	Hubert,	*rue sainte Marguerite,*	1737
	Claude	Houdemard,	*rue Bourg-l'Abbé,*	1740
	Adrien-Louis	Hevet,	*rue de Buffy,*	1740
	Jacques-Philippe	Hervier,	*rue Montmartre,*	1741
	Pierre	Hudicourt,	*pointe saint Eustache,*	1741
	Jean-Marie	Hüe,	*rue saint Martin,*	1743
	Pierre-Laurent	Huron,	*vis-à-vis le Temple,*	1743
	Jean-Pierre	Henoque, fils,	*rue des trois Maures,*	1744
	Jacques	Houdry,	*rue sainte Avoye,*	1746
	Pierre-Augustin	Hainsselin,	*rue S. Jacq. la Bouch.*	1748
*	Jean-François	Herissant,	*rue saint Jacques,*	1749

MESSIEURS,

H

Jacques-Charles	Hennique, fils,	*rue des Lombards,*	1750
Blaize	Haline,	*rue S. Jacq. la Bouch.*	1750
Jean-Baptiste	Hiard,	*carrefour Guilhery,*	1751
Charles	Henoque, fils,	*rue Grande Truander.*	1751
André-Nicolas	Hamel,	*rue des Bouc. S. Germ.*	1752
Antoine-Nicolas	Heurteux,	*rue l'Evêque,*	1752
Jean-Pierre	Houſſeau,	*rue neuve S. Martin,*	1753
Antoine	Herbet,	*à Abbeville,*	1753
Pierre-René	Hatry, fils,	*rue Comteſſe-d'Artois,*	1754

MESSIEURS,

I

J

Veuve	Louis	Arry,	*rue saint Antoine,*	1695
Veuve	Laurent	Jacotin,	*rue saint Honoré,*	1712
	Christophe	Issenard,	*place Sorbonne,*	1713
Veuve	Gabriel	Joseph,	*rue saint Victor,*	1715
Veuve	Pierre	Jubin,	*rue Coppeau,*	1716
Veuve	Louis	Jourdain,	*porte Montmartre,*	1718
★	Armand-Louis	Jaussin,	*rue de Bourgogne,*	1720
	Jean-François	Jard,	*vieille rue du Temple,*	1729
	Pierre-François	Joubert,	*absent,*	1734
	François-Gilles	Jaullain,	*montag. Ste. Geneviev.*	1735
	Christophe,	Jauvin,	*rue des Vieux Augus.*	1739
Veuve ★	Pierre	Joly,	*rue Mouffetard,*	1740
	Pierre	Joly,	*rue neuve Notre-Dame*	1742
	Louis-Charlemag.	Jourdain,	*fauxb. Montmartre,*	1743
Veuve	Pierre	Josse,	*rue de la Barillerie,*	1744
★	Baltazard	Julliot,	*rue sainte Marguerite,*	1744
	Nicolas-Henry	Jorrand,	*rue saint Honoré,*	1748

MESSIEURS,

L

Veuve	Joachim	LEjoindre, P.	*rue des Roziers,*	1690
Veuve	Michel	Le Vieil, pere,	*rue des Lombards,*	1711
Veuve	Nicolas-Louis	Le Tellier,	*rue de Charonne,*	1711
Veuve	Jean	Loiseau,	*rue de Richelieu,*	1714
Veuve *	Guillaume	Laborie,	*rue saint Antoine,*	1714
Veuve	Jean-François	Labbé,	*rue du Bacq,*	1717
Veuve	Pierre	Loyauté,	*rue Comtesse-d'Artois,*	1717
	Alexis	Le Vasseur,	*absent,*	1718
	Claude	L'Heritier,	*à Rouen,*	1718
Veuve	Pierre	Lucas,	*rue de la Cossonnerie,*	1718
	François-Joachim	Lejoindre,	*rue des Roziers,*	1718
	Nicolas-François	Le Clerc,	*fauxb. saint Denis,*	1719
	François	Luneau,	*rue de la Mortellerie,*	1720
	François	Luzarche,	*rue saint Martin,*	1720
	Jacques-Florent	Le Provost,	*rue sainte Marguerite,*	1720
Veuve	Charles	Lobligeois,	*rue des Ménestriers,*	1720
	Jean	Le Ciere,	*rue Trépillon,*	1720
Veuve	François	Ladainte,	*rue de la Truanderie,*	1720
*	Pierre	Laban,	*rue des 2 pont. S. Louis,*	1720
Veuve	Joseph	La Porte,	*rue Galande,*	1721
	Paul	Larsonnier, pere,	*rue Quinquempoix,*	1721
	Jean	Le Golf,	*rue du Temple,*	1722
	Pierre	Le Roy,	*barriere saint Jacques,*	1722
Veuve	Charles	Labbé,	*rue S. Thom. du Louv.*	1722
Veuve	Philippe	Le Breton,	*rue saint Martin,*	1726
	Jean-Bapt. Auguste	Le Roux,	*rue des Vieux Augus.*	1727
	George	Lormier,	*rue de Seine,*	1728
	Alexandre	Le Merle,	*rue des Bourdonnois,*	1730
	Charles	Le Romain,	*rue des Prouvaires,*	1730
	Jacques	Lucas,	*rue saint Denis,*	1730
*	François	La Pierre,	*rue Montmartre,*	1731
	Claude	La Postolle,	*absent,*	1731
	Jean-Pierre	Le Grand,	*rue Quinquempoix,*	1732
Veuve	François	La Verve,	*rue de la Harpe,*	1732

MESSIEURS,

L

	Jacques	Labbé,	*rue de Lourfine,*	1732
	Gabriel	Les Filles,	*cloître S. Jean Latran,*	1732
	Pierre-François	Le Page,	*rue faint Martin,*	1732
	Pierre	Le Sage, pere,	*rue Cuerin-Boiffeau,*	1733
*	Pierre	Le Bel,	*rue faint Antoine,*	1733
	Pierre	Le Normand,	*croix des pet. Champs,*	1734
	Louis-Jofeph	Loquet,	*rue faint Germ. l'Aux.*	1734
	Eloy	Leleu,	*fous les pil. d'Etain,*	1734
	Chriftophe	Lucas,	*rue faint Denis,*	1734
	Antoine	Le Févre,	*rue Mouffetard,*	1734
	Jacques-Arnould	Lhomme,	*rue faint Denis,*	1735
	Adam	Le Roy,	*rue Grande Truander.*	1735
*	Pierre-Auguftin	Le Maire,	*rue faint Paul,*	1736
	Pierre	Le Prince,	*rue des Lombards,*	1736
	Jean-Bapt.-Leger	Le Pot,	*rue de la Verrerie,*	1737
	Charles	Le Court,	*rue faint Martin,*	1738
	Denis-Claude	Loifeau,	*rue faint Antoine,*	1739
	Guillaume-Thom.	Le Févre,	*rue des foffés S. Germ.*	1739
	Jean-Pierre	Le Blanc,	*rue Grenier S. Lazare,*	1739
	Antoine-Jofeph	Lorin,	*rue Montmartre,*	1739
	Pierre-Louis	Le Conte,	*rue des Lombards,*	1739
	Charles	La Mouche,	*rue faint Denis,*	1739
	Jean-Baptifte	Le Couvreur,	*fauxb. faint Jacques,*	1740
Veuve	Laurent	Le Riche,	*rue du Cherche-Midi,*	1741
	Prothais-Charlem.	Le Blanc,	*rue de la Harpe,*	1741
	Jean-Antoine	Lange,	*fauxbourg S. Martin,*	1741
	Etienne-Gilbert	La Tour,	*rue de Poitou,*	1742
	Robert	Le Duc,	*rue Dauphine,*	1742
	Robert	Léguillier,	*rue des Lombards,*	1742
	Maurice	Laurencin,	*cloître S. Jean en Grèv.*	1742
	Claude	Le Maire,	*rue du Hazard,*	1742
	Etienne	Loifet,	*rue Bordet,*	1742
	Benoît	Le Noir,	*rue faint Jacques,*	1742
	Michel-Sébaftien	Le Vieil,	*rue des Lombards,*	1743
	Charles	Labbé,	*place de Grève,*	1743

MESSIEURS,

L

Philibert	Le Clerc ,	*rue de la Harpe ,*	1743
Claude	Le Vaſſeur ,	*rue Poiſſonniere ,*	1743
Charles	Le Normand ,	*rue ſaint Dominique ,*	1743
Pierre	Le Sage , fils ,	*rue Guerin-Boiſſeau ,*	1743
Pierre	Le Mire ,	*rue des Gravilliers ,*	1743
Robert	Lapy ,	*rue ſaint Jacques ,*	1743
Jean-Pierre	Leon ,	*rue Dauphine ,*	1743
Jean-Bapt. Jacques	Le Prince ,	*rue Dauphine ,*	1743
Antoine	Le Cat ,	*place ſaint Michel ,*	1744
Thomas	Le Moiſne ,	*fauxb. ſaint Honoré ,*	1744
Pierre-Gaſton	La Forge ,	*rue Philippeaux ,*	1744
Claude-François	Lanternat ,	*rue du pet. Lyon, S. D.*	1744
Auguſtin	Le Févre ,	*rue de la Harpe ,*	1744
Joſeph	Le Villain ,	*abſent ,*	1746
Pierre	Lange ,	*rue de petit Pont ,*	1746
Gabriel-Joachim	Le Prevoſt ,	*rue de la Chaiſe ,*	1746
François-Nicolas	Le Maſſon ,	*rue neuve S. Méderic ,*	1746
François	Le Gay ,	*rue de Charenton ,*	1746
Claude	Le Feure ,	*rue des Arcis ,*	1747
★ Etienne	La Pierre ,	*rue ſaint Antoine ,*	1747
Pierre	Lucot ,	*rue des Cordelliers ,*	1747
François	Le Sieur ,	*rue des Cordelliers ,*	1747
Leger	Liquet ,	*rue ſaint Antoine ,*	1748
Philippe-Nicolas	Le Moiſne ,	*rue des Lombards ,*	1748
Louis	Le Roux ,	*rue de l'Arbre-ſec ,*	1748
Maurice	Le Clerc ,	*rue de la Huchette ,*	1748
Xavier	Liévain ,	*rue ſaint Honoré ,*	1748
François	Le Romain ,	*rue de la Harpe ,*	1748
Pierre-André	Le Clair ,	*rue du Four , S. Germ.*	1749
Pierre	Lenée ,	*rue Dauphine ,*	1749
Joachim	Larſoneur ,	*fauxb. ſaint Jacques ,*	1749
Veuve René-François	Le Romain ,	*rue ſaint Honoré ,*	1749
André	Le Bœuf ,	*rue neuv. des pet. Cham.*	1750
Pierre-Remy	Lambert ,	*à Amiens ,*	1750
François-Louis	Le Braſſeur ,	*rue de l'Arbre-ſec ,*	1750

MESSIEURS,

L

François-Joseph	Le Sueur,	*marché aux Poirées,*	1750
Jean	Le Clerc,	*rue de Bretagne,*	1750
Charles	L'huissier,	*rue saint Antoine,*	1750
George-Gombel	La Serre,	*rue du Sépulchre,*	1751
Pierre	Lorin,	*rue Planche-Mybray,*	1751
Louis	Liénard,	*rue de Lourfine,*	1751
Claude-Henry	Le Liévre,	*rue de Reüilly,*	1751
Antoine	Lamy,	*rue saint Denis,*	1752
★ Louis-Guillaume	Labc..ie,	*rue saint Antoine,*	1752
Paul	Larfonnier, fils,	*rue Quinquempoix,*	1752
Pierre	Lamoureux,	*fauxb. saint Jacques,*	1752
Pierre-Jacques	Le Masson,	*rue saint Denis,*	1752
Pierre	Le Roy,	*rue de Lourfine,*	1752
Nicolas-Charles	La Clef,	*rue Meslée,*	1753
Etienne-François	Lange,	*rue saint Honoré,*	1753
Pierre	Le Baftier,	*rue saint Martin,*	1753
André-Pierre	Luzin,	*rue Beaubourg,*	1753
Louis	Le Proux,	*rue des Marmouzets,*	1753
Cofme-Auguftin	Lézurier,	*rue Vieille Monnoye,*	1753
Pierre	Lefguillier,	*cloître saint Landry,*	1753
Nicolas	Longuet,	*butte saint Roch,*	1753
Charles	La Cofte,	*porte saint Denis,*	1753
Louis-Denis	Larcena,	*rue saint Sauveur,*	1754
Pierre-François	Le Sueur,	*rue saint Victor,*	1754

MESSIEURS,

L

MESSIEURS,

M

Veuve	* Jacques	**M**orin,	*rue Sal-au-Comte,*	1678
Veuve	Jean-Baptiste	Meffaiger,	*rue des Lombards,*	1707
Veuve	Louis	Michel,	*monceau S. Gervais,*	1708
Veuve	Claude	Mazure,	*à Etrechy,*	1710
Veuve	Nicolas	Maurice,	*rue de l'Arbaleftre,*	1711
Veuve	Etienne	Michon,	*rue des*	1713
Veuve	Jean	Marié,	*rue de la Mortellerie,*	1713
	* Denis	Machereau,	*rue faint Honoré,*	1714
	Claude	Morain,	*rue du Bacq,*	1715
	Gabriel-Augufte	Mauger,	*cloître faint Médéric,*	1719
	Denis	Mézard,	*rue Darnetal,*	1720
	Pierre	Martel, pere,	*rue neuve S. Médéric,*	1720
	Nicolas	Michelin,	*rue Charlot,*	1720
	* Claude-René	Mayol,	*fauxb. faint Antoine,*	1720
	* Jacques-Etienne	Morin,	*marché aux Poirées,*	1720
	Pierre-Aubin	Moulin,	*rue Beaubourg,*	1721
	Nicolas	Maffon,	*rue faint Paul,*	1722
	Philippe	Mouton,	*à Biévre,*	1722
	* Claude-François	Morel,	*à la Croix Rouge,*	1722
Veuve	Charles-Louis	Millon,	*rue d'Argenteuil,*	1724
	Claude	Mayeux,	*rue faint Dominique,*	1724
	Jean	Millot,	*montag. Ste. Geneviev.*	1724
	* Pierre	Martin,	*rue de Condé,*	1725
	Alexandre	Machelard,	*rue de la Harpe,*	1728
	Pierre	Millet,	*rue Bétizy,*	1728
Veuve	* Claude-Philippe	Mouton,	*rue faint Denis,*	1728
	Jean	Malide,	*rue Montorgueil,*	1729
	Jean-Baptiste	Morel,	*à Provins,*	1729
	Michel	Manceau,	*rue faint Severin,*	1730
	Jean-Baptiste	Marchand,	*rue Jacob,*	1731
Veuve	Mathurin-François	Manceau,	*au Marché-Neuf,*	1731
	Pierre	Millot,	*rue Aubry-Boucher,*	1732
	Louis-Jean	Millot,	*à Marfeille,*	1732
	Sébaftien	Méria,	*abfent,*	1732

MESSIEURS,

M

	Louis	Marquant,	*rue des Lombards,*	1733
	Antoine	Marfondet,	*rue Galande,*	1733
	Guillaume-Laurent	Morel,	*rue des Barres,*	1733
	Nicolas	Mautemp,	*rue des Lombards,*	1733
	Joſeph	Marchant,	*rue ſainte Avoye,*	1734
	Nicolas	Muiron,	*rue ſainte Marguerite,*	1734
*	Martin	Meſlier,	*rue de l'Arbre-ſec,*	1734
	François-Louis	Maſſon,	*rue Galande,*	1737
	Edme	Morin,	*rue Jean-de-l'Epine,*	1737
	Louis	Moillet,	*rue Montorgueil,*	1737
	Guillaume	Moüette,	*rue Mouffetard,*	1738
	Louis-François	Minard,	*rue de la Tixeranderie,*	1739
	Louis	Meſlin,	*rue neuv. des pet. Cham.*	1739
	François-Louis	Marie,	*rue de la Ferronnerie,*	1740
	Charles	Meſſaiger,	*rue des Lombards,*	1740
	Chreſtien-Nicolas	Marie,	*abſent,*	1740
Veuve	Nicolas-François	Manceau,	*ſous les pil. d'Etain,*	1740
	Jacques-Henry	Métas,	*fauxbourg S. Martin,*	1740
	Charles-Armand	Moreau,	*rue des Preſcheurs,*	1742
	Nicolas	Marſault,	*fauxb. ſaint Jacques,*	1742
	Jean	Merlet,	*rue du pont aux Biches,*	1742
	Louis	Marié,	*rue de la Mortellerie,*	1743
	Louis	Moullé,	*rue ſaint Honoré,*	1743
	Henry	Menage,	*fauxbourg S. Antoine,*	1743
	Louis	Maſſon,	*rue Vieille-Draperie,*	1743
	Paul	Meſnil,	*aux petits Carreaux,*	1743
	Nicolas-Henry	Mazion,	*rue Comteſſe-d'Artois,*	1743
*	Jean-François	Mayol,	*rue de la Juiverie,*	1744
	Jean-Louis	Mollet,	*rue Montorgueil,*	1744
	François-Joſeph	Malepeyre,	*fauxbourg S. Antoine.*	1745
	Jacques-Charles	Michel,	*rue neuve S. Médaric,*	1746
	Pierre-François	Malin,	*rue du Four, S. Germ.*	1748
	Henry	Morel,	*place Dauphine,*	1748
	Pierre	Métas,	*rue des Preſcheurs,*	1748
	François	Monnier,	*abſent,*	1749

ALPHABETIQUE.

M

Jean-Marie	Maugirard,	*rue des Lombards,*	1749
Pierre-Joseph	Ménoud,	*à Amiens,*	1750
Charles	Michelin,	*rue Charlot,*	1750
Pierre-Nicolas	Moquet,	*rue de la Heaumerie,*	1750
Jean-Louis	Merlet,	*rue du pont aux Choux*	1753
Pierre-Jean	Martel, fils,	*rue neuve S. Médéric,*	1753
Jean-François	Monnoye,	*rue des Lombards,*	1754
Maurice	Menant,	*rue Vieille-Bouclerie,*	1754
Pierre	Ménesdrieux,	*rue Vieille-Bouclerie,*	1754
Louis-François	Maflin,	*à Angers,*	1754

MESSIEURS,

N

Veuve	Jacques	Niceron,	rue d'Orléans S. Hon.	1689
	Charles	Neveu, pere,	rue Mazarine,	1707
	Jean-Baptiste	Neveu,	rue Darnetal,	1720
	Charles-René	Neveu,	rue de la Calandre,	1733
	Charles	Neveu,	rue de la Calandre,	1736
	Charles-François	Neveu,	porte saint Jacques,	1739

O

Veuve	Pierre-Alexandre	Ourfel,	rue de Bétizy	1716
	Michel	Ollivier, pere,	rue des Prouvaires,	1718
	Jean-François	Ollivier,	porte saint Martin,	1720
	Claude	Orient,	rue Bourtibourg,	1734
	François-Michel	Ollivier, fils, aîné,	rue Tirchape,	1743
	Jacques	Ollivier,	fauxbourg S. Honoré,	1751
	Michel-George	Ollivier, fils, jeu.	rue des Prouvaires,	1751

MESSIEURS,

P

	Denis	Paris,	*cloître Ste. Opportune,*	1682
Veuve *	Jean	Pradignat,	*rue Mazarine,*	1702
	Pierre-François	Preftre,	*rue Quinquempoix,*	1706
Veuve *	Angelin	Pafcalis,	*rue de Poitou,*	1710
	Nicolas	Parigaut,	*abfent,*	1710
*	Spire-Nicolas	Pia,	*rue du vieux Colombier*	1711
Veuve	Jean	Pinondel,	*rue faint Antoine,*	1713
Veuve	Jacques	Poiré,	*quai des Ormes,*	1714
	Adrien	Percheron,	*rue faint Martin,*	1714
	George	Plu,	*Montag. Ste. Genevive.*	1718
	Louis-Charlemag.	Petit, pere,	*porte faint Martin,*	1718
Veuve	Antoine	Poncel,	*rue Frépillon,*	1718
	Pierre	Provins,	*rue de la Tixeranderie,*	1719
	Noël	Poirier,	*rue de Berry,*	1719
*	Antoine-René	Poullain,	*échelle du Temple,*	1720
*	Claude	Pia,	*rue des Boucheries,*	1720
Veuve	Etienne	Prignet,	*rue neuve faint Roch,*	1720
	Pierre-Olivier	Paffavant,	*fauxb. faint Martin,*	1720
	Adrien	Plinguet,	*rue Quinquempoix,*	1721
	Nicolas	Poittevin,	*rue Mouffetard,*	1722
	Etienne	Petit,	*rue Poiffonniere,*	1724
*	Amédé	Paris,	*rue Montmartre,*	1725
	François	Péchot,	*porte faint Marceau,*	1727
*	Noël-Pierre	Pafcalis,	*rue de Poitou,*	1727
	Louis	Pecquet,	*rue des Lombards,*	1730
	Jofeph	Paulmier,	*rue de Beaune,*	1731
	Jean	Pochet,	*rue Grand.-Truander.*	1731
Veuve	Louis-Robert	Pia,	*rue des deux Ponts,*	1731
	Jean	Pelletier,	*rue faint Honoré,*	1732
	Etienne	Parifel,	*rue faint Denis,*	1733
Veuve	Jean-Pierre	Pelletier,	*rue Grande Truander.*	1734
	Nicolas	Perfon,	*fauxb. faint Antoine,*	1734
	Nicolas	Porcher,	*rue S. Thom. du Louv.*	1735
	Charles	Parmentier,	*rue de Vaugirard,*	1735

MESSIEURS,

P

	Henry	Plongeon,	*rue de la Tixeranderie,*	1735
	Charles-Alexandre	Petit,	*rue saint Honoré,*	1735
	François	Papin,	*rue du Four, S. Germ.*	1736
	André	Porte,	*rue saint Denis,*	1736
	Esprit-Gilles	Provost,	*rue du Temple,*	1737
	Nicolas	Parigaut,	*place Maubert,*	1737
	Antoine	Pasquier,	*rue de Gesvres,*	1738
	Pierre	Parent,	*rue des Bourch. S. G.*	1738
	Denis	Petit,	*cloître saint Méderic,*	1739
Veuve	François-Charles	Pellard,	*rue saint Martin,*	1741
	Louis	Pochet,	*fauxb. saint Antoine,*	1741
	Jean	Picard,	*montag. Ste. Geneviev.*	1741
	Eustache	Piégut,	*aux Grands-Dégrés,*	1741
	Nicolas	Petit,	*fauxb. saint Martin,*	1743
	Charles	Pluvinet,	*rue des Lombards,*	1743
	Germain-Simon	Pichard,	*rue de Fourcy,*	1743
*	Philippe-Nicolas	Pia, fils,	*à la Croix Rouge,*	1744
	Claude-Charles	Petit,	*porte saint Victor,*	1744
	Nicolas-Louis	Parquin,	*cimetiere saint Jean,*	1744
*	George	Picard,	*rue saint Honoré,*	1744
	Pierre	Pouplin,	*rue au Maire,*	1744
	Jean-Pierre	Pujo,	*rue neuv. des pet. Cham.*	1744
	Jean-Pierre	Poisson,	*rue saint Martin,*	1745
	Jacques	Portebled,	*rue Grenelle S. Honoré,*	1745
	Charles	Prémia,	*rue de Bussy,*	1745
	Etienne	Piers,	*rue de la Harpe,*	1747
	Jean-Ambroise	Pillon,	*absent,*	1747
	Cosme	Peroche,	*rue saint Honoré,*	1748
	Nicolas	Poron,	*rue de la Calandre,*	1748
	Louis	Picard,	*rue saint Martin,*	1748
	Ant.-Charl.-Mich.	Poultier,	*rue saint Honoré,*	1749
	Christophe	Paupierre,	*rue saint Martin,*	1750
	Antoine	Place,	*rue Michel-le-Comte,*	1750
	François-Marie	Plüot,	*rue des Cannettes,*	1751
	Jean	Provost,	*rue saint Antoine,*	1751

MESSIEURS,

P

	Jean-Jacques	Poisson,	*rue des Prouvaires,*	1751
	Ambroise-Cyprien	Petit,	*rue de Bétizy,*	1751
Veuve	Thomas	Pouteau,	*rue Jean-de-l'Epine,*	1751
	August.-Charlem.	Petit, fils,	*rue saint Martin,*	1751
	Jean	Pochet,	*rue du Colombier,*	1751
	Jean-Pierre	Prevost,	*rue de Beaune,*	1752
	Antoine	Percheron,	*rue des Tournelles,*	1752
	Claude	Parigault,	*absent,*	1752
	Jean-Baptiste	Plongeon,	*à Angers,*	1753
	André-Thomas	Pyot,	*rue Montmartre,*	1754
	Nicolas-Claude	Picart,	*rue S. André-des-Arcs,*	1754
	Denis	Piébot,	*rue Montmartre,*	1754
	Jacques	Prudhomme,	*fauxb. saint Martin,*	1754
	Louis-Guillaume	Picard,	*rue Betizy,*	1754

MESSIEURS,

P.

		Q		
Veuve	Michel	**Q**uignon,	*rue Ferou,*	1732
	Jean-Michel	Quignon,	*rue Ferou,*	1743
	Etienne-Henry	Quatremer,	*rue de Buffy,*	1753

MESSIEURS,

R

Veuve				
	Jacques	Rotrou,	rue	1704
Veuve	François	Richard,	rue de la Mortellerie,	1709
Veuve	Pierre	Robert,	rue Mouffetard,	1712
	Louis	Rottier, fils,	rue saint Antoine,	1714
	Jean-Joseph	Renaud,	rue de Seine,	1717
	Charles	Rozon,	porte saint Jacques,	1717
	Paul	Roussel,	rue Contrescarpe,	1718
Veuve *	Nicolas-François	Rousselot,	porte saint Jacques,	1720
	Simon	Ruelle,	rue Troussevache,	1720
Veuve	Philippe	Richel,	rue du Cherche-Midi,	1720
	Jean-Bapt.-Adrien	Rotrou,	à Marseille,	1720
	François	Ravinet,	rue de la Tixeranderie,	1721
	Antoine	Roziers,	Cour des quinze-vingt	1721
	Antoine	Regnard,	rue de Bievre,	1723
	Noël-Julien	Regnard,	rue S. Germain l'Aux.	1723
Veuve	Jacques	Rivet,	rue de Condé,	1724
*	Etienne	Rassicod,	rue des pet. Augustins,	1726
	Jean	Robillard,	rue S. Étien. des Grès,	1730
	François	Raffron,	rue du petit-Pont,	1733
*	Guillaume	Richard,	rue de la Juiverie,	1733
	François	Richard,	porte saint Antoine,	1734
*	Charles-Claude	Rissoan,	rue Montmartre,	1737
	Jean-Charles	Roussel,	rue du Cocq la Verrerie	1739
	Jacques-Claude	Roussel,	rue de la Verrerie,	1739
	Jean-Michel	Rüelle,	fauxb. saint Lazare,	1740
Veuve	Louis	Robiche,	rue Jean-pain-mollet,	1740
Veuve	Quentin	Renaudin,	rue du Mail,	1740
	Nicolas	Richard,	porte saint Victor,	1741
	Pierre	Roguenard,	fauxbourg S. Denis,	1742
Veuve	André	Roussel,	rue saint Honoré,	1743
	Julien-Thomas	Robert,	rue saint Denis,	1748
	André-Pierre	Roussel,	rue de Bourb. à la V.N.	1749
	François-Elie	Raffron, fils,	fauxb. saint Antoine,	1750
	François-Marc	Rouverel,	rue Pirouette en Thir.	1750

MESSIEURS,

R

* Guillaume - Franç.	Roüelle ,	*rue Jacob*	1750
Jacq. - Mart.-Adri.	Ringard ,	*rue du Bacq,*	1750
Jean-Antoine	Riollet ,	*rue des Canettes ,*	1751
* Nicolas	Roulx ,	*rue des Vieux Auguſ.*	1751
Guillaume	Rottier , fils ,	*fauxb. ſaint Antoine ,*	1752
Pierre	Raguin ,	*rue de la Juiverie ,*	1752
Pierre-Antoine	Rouſſellet ,	*rue des petits Champs,*	1753
Thomas	Royer ,	*fauxb. ſaint Martin ,*	1754
Nicolas	Rouſſeau ,	*fauxb. ſaint Martin ,*	1754
Jean-Louis	Ravel ,	*fauxb. ſaint Honoré ,*	1754
Louis	Rebut ,	*rue ſaint Victor.*	1754

MESSIEURS,

S

	Jean-Pierre	**S**ullin,	*rue des Provaires,*	1691
	François-Thomas	Sorin,	*rue Beaubourg,*	1708
	Jean-Baptiste	Séjourné,	*rue des 5 Diamants,*	1718
Veuve	Pierre-Arnould	Savy,	*butte faint Roch,*	1720
	Claude-Leger	Sebré,	*rue faint Honoré,*	1720
	Simon-Mathurin	Serize,	*rue Darnetal,*	1723
	* Antoine	Salvan,	*rue faint Jacques,*	1726
Veuve	Pierre	Sallais,	*rue de Bourb. à la V. N.*	1728
	Jean-Baptiste	Soffice,	*quai des Balcons,*	1730
Veuve *	François	Sage,	*rue de Buffy,*	1732
	Joseph	Savary,	*rue du Bacq,*	1732
	Joachim	Sentier,	*rue de Reüilly,*	1733
	Pierre	Séjourné,	*rue des 5 Diamants,*	1733
	Pierre	Sallais,	*rue Montmartre,*	1735
	André	Sibire,	*rue faint Dominique,*	1737
	Jean-François	Serin,	*rue faint Jacques,*	1737
	Claude	Seveftres,	*rue des Maçons,*	1740
	Pierre	Seveftres,	*rue des deux Ponts,*	1741
	Antoine-Joachim	Sentier,	*fauxb. faint Antoine,*	1743
	Jean	Séber,	*rue Notre-Dame,*	1745
	Jean-Pierre	Solvet,	*rue des Arcis,*	1745
	François	Sallais,	*quai de l'Ecolle,*	1746
	Jean-Baptiste	Séné,	*rue faint Benoît,*	1747
	Jean-Pierre	Séjourné, le jeune,	*rue des Arcis,*	1748
	Thomas	Saint-Gilles,	*rue des Foureurs,*	1749
	Denis-Bazile	Sarrazin,	*rue de la Harpe,*	1750
	Henry-Gervais	Sauvage,	*rue Traifnée,*	1750
	André-Guillaume	Santilly,	*rue Quinquempoix,*	1751
	* Nicolas-François	Santerre,	*rue des deux Ponts,*	1751
	Jean-Baptiste	Ségalla,	*à la Croix Rouge,*	1752
	Pierre	Sarton,	*fauxb. faint Antoine,*	1753
	Mathurin	Sénéchal,	*cloît. S. Jacq. la Bouc.*	1753

MESSIEURS,

S

MESSIEURS,

T

	Etienne	T Rumeau,	*rue Bardubec,*	1701
Veuve	Charles	Tiffart,	*rue faint Sauveur,*	1710
	Jerôme	Trudon, pere,	*rue de Richelieu,*	1714
	Jacques	Trochereau, pere,	*porte faint Jacques,*	1714
Veuve	Jean	Tonnellier,	*abfent,*	1717
*	Louis	Taffart,	*Vieille rue du Temple,*	1720
	Louis	Trouard,	*rue Poiffonniere,*	1720
	Henry	Triboulleau,	*barriere de Séve,*	1721
	Jean-Baptifte	Thierry,	*rue Montmartre,*	1722
	Nicolas	Teftart,	*rue du Beaubourg,*	1723
	Louis-Bernard	Travers,	*rue faint Honoré,*	1724
	Pierre	Thomas,	*rue Grenelle S. Germ.*	1724
	Jean	Travers,	*rue de la Comédie,*	1725
	Etienne	Théron,	*butte faint Roch,*	1726
	Jerôme-Nicolas	Trudon,	*rue faint Martin,*	1729
	Noël	Tranquart,	*échelle du Temple,*	1733
*	Pierre-Emanüel	Taxil,	*porte Montmartre,*	1734
*	George-Edme	Terrier,	*rue faint Denis,*	1736
	Charles	Taffin,	*abfent,*	1738
	Antoine	Trézel,	*fauxb. faint Honoré,*	1740
	Jacques	Trudon, fils,	*rue faint Honoré,*	1740
	Jacques-François	Trudon, fils,	*rue de l'Arbre-fec,*	1740
	Noël-Blaize	Trouffart,	*abfent,*	1741
	François	Tennery,	*cloît. S. Jacq. de l'Hôp.*	1742
	Louis	Trou,	*rue de la Bucherie,*	1742
	Simon	Thomé,	*rue de la Huchette,*	1743
	Pierre	Thuillier,	*carrefour S. Benoift,*	1743
	Alexand.-Thodor.	Thuillier,	*rue faint Denis,*	1743
	Charles-Simon	Trudon, fils,	*non établi,*	1743
	Claude-Pierre	Torain,	*au Gros Caillou,*	1744
	Jean-François	Thomas,	*rue faint Jacques,*	1744
	François	Taffery,	*rue aux Ours,*	1744
	Jean-Baptifte	Trochereau, fils,	*place Maubert,*	1745

MESSIEURS,

T

Pierre-Barnabé	Thibault,	*rue Jacob,*	1746
Pierre-Noël	Toutin,	*fauxb. Montmartre,*	1746
Jean	Tafcher,	*rue des Nonaindieres,*	1747
Claude	Tirlet,	*fauxb. faint Jacques,*	1747
Louis	Tribut,	*rue de Seine,*	1747
Jean-Marie	Theveneau,	*rue faint Antoine,*	1750
Jean-Baptifte	Tinard,	*abfent,*	1750
Philippe-François	Trouffel,	*rue Aubry-Boucher,*	1750
Louis	Thibierge,	*rue du Temple,*	1750
Henry-Etienne	Trumeau,	*rue de la Mortellerie,*	1751
Nicolas	Tripier,	*rue Darnetal,*	1752

MESSIEURS,

V

Veuve	Pierre-Louis	Vignon,	*rue*	1698
	Claude	Villain,	*Vieille rue du Temple,*	1702
Veuve	Claude	Vadurel,	*rue*	1709
Veuve	Jean	Villain,	*cloît. S. Germ. l'Aux.*	1712
	René	Vaïllant,	*rue Mouffetard,*	1717
	Louis	Voisin,	*rue Ferrou,*	1718
	Jean-Claude	Villars,	*rue de Buffy,*	1718
	Louis-Clément	Vieillard, pere,	*rue des Prouvaires,*	1720
Veuve	Pierre	Vassou,	*rue Baffroy,*	1721
	André	Villain,	*fauxb. saint Antoine,*	1723
	Pierre	Vézon,	*rue Montmartre,*	1730
★	Antoine	Vassal,	*rue de Gesvres,*	1730
	Louis	Vigner,	*rue de Buffy,*	1731
	Jean	Vasselin,	*rue Quinquempoix,*	1732
	Antoine	Verbry,	*rue de la Sourdiere,*	1732
	Charles	Vachier,	*rue S. Jacq. la Bouch.*	1733
	Joseph	Warnet,	*à l'Orient,*	1735
★	Pierre-Jacques	Vassou,	*fauxb. saint Antoine,*	1740
	Pierre-Raymond	Vacoussain,	*rue S. André-des-Arcs,*	1741
Veuve	Nicolas-Quentin	Vigneron,	*rue Aubry-Boucher,*	1742
	Pierre-Gabriel	Vocanu,	*rue saint Christophe,*	1744
	Jacques-Benigne	Vignon,	*rue saint Antoine,*	1746
	Olivier-Clément	Vieillard, fils,	*rue des Prouvaires,*	1748
	Jean-Charles	Vernois,	*rue saint Honoré,*	1749
	François	Villain,	*Cour du Dragon,*	1749
	Louis	Vatélier,	*rue des Cannettes,*	1750
	François	Véron,	*rue de Bretagne,*	1753
	François	Vigoureux,	*croix des pet. Champs,*	1754

MESSIEURS,

V